VC 마스터가 알려주는
밸류에이션과 프라이싱 전략

VC 마스터가 알려주는
밸류에이션과 프라이싱 전략
VALUATION & PRICING

구정웅 지음

두드림미디어

프롤로그

왜 사업하는가?

"당신 인생의 창업가는 당신임을 기억하라.
시간이 흐른다고 미래가 되지는 않는다."

_ 피터 틸(Peter Thiel)

세상은 가치의 교환으로 이루어진다. 시장 경제 분야는 물론이고, 정치, 사회, 문화 및 개인 간의 삶도 모두 그렇다. 가치를 창출하고, 가치를 제안하고, 가치를 제공하고, 가치를 공유하고, 가치를 높이는 모든 노력과 행동을 통해 시간이 흐르고 세상이 성장해나가고 있다.

누구에게나 좋은 기회와 어려울 때가 찾아온다. 그 위기와 기회의 순간들을 어떻게 보내느냐에 따라 인간과 기업의 운명이 달라진다. 사람마다 사는 이유와 목표가 다르고, 기업마다 목적과 비전이 다르다. 누군가는 자유와 독립을 위해, 누군가는 재정적 부와 성공을 위해, 또 누군가는 세상의 문제를 해결하고 더 큰 가치를 제공하고자 하는 꿈을 가지고 있다.

가치란 무엇인가?

"당신의 가치는 얼마입니까?"라고 누군가 묻는다면 당신은 어떻게 답할 것인가? 또는 "당신의 비즈니스의 가치는 얼마입니까?"라고 묻는다면 어떤가? 비즈니스에는 단순히 규모와 매출과 손익만으로 평가할 수 없는 여러 요소가 있다. 경제적 가치, 사회적 가치, 브랜드 가치, 기술력, 경쟁력, 윤리적 가치 등이 그것들이다.

기업의 경제적 가치는 보통 수익성, 성장성, 자산 가치 등의 기준으로 평가된다. 왜냐하면 그것들이 회사의 구성원들은 물론이고, 주주나 투자자 그리고 고객 등 다양한 이해관계자들에게 중요한 요소이기 때문이다.

수익성은 기업이 얼마나 효율적으로 자원을 사용해 이익을 창출하는가를 나타내므로 수익성이 높은 기업은 지속 성장할 가능성이 큰 것으로 평가받는다.

성장성은 기업이 얼마나 빠르게 성장하고 있는지, 미래의 성장 가능성은 얼마나 큰지도 중요한 가치로 평가된다. 높은 성장성을 가진 기업은 시장에서 경쟁력을 갖추고 있을 가능성이 큰 것으로 여겨진다. 또한, 기업이 보유하고 있는 유무형 자산들도 기업의 가치를 평가하는 데 중요한 요소들이다.

기업의 가치는 경제적 성과를 넘어, 지속 가능성과 윤리적 책임, 사회적 가치 등의 비즈니스 철학을 포함할 수 있다. 기업이 환경을 고려한 경영을 수행하고, 장기적으로 지속 가능한 성장을 추구하는 것이 중요한 가치다. 또한, 기업이 사회적 책임을 다하고 투명하고 정직한 경영을 하는 것이 고객과 직원들에게 신뢰를 주고 이러한 지속할 수 있는 성장을 할 수 있도록 도와준다. 결국 세상에 긍정적인 영향을 미침으로써 고객으로부터 더 큰 신뢰를 얻고 장기적으로 성과를 올릴 수 있는 기업으로 평가받을 수 있게 되는 것이다.

그리고 무엇보다 기본이 되는 것이 고객들에게 제공하고자 하는 제품과 기술력, 서비스와 혁신의 가치다. 신뢰와 이념만으로 기업을 지속 성장시킬 수는 없다. 무언가 중요한 가치를 세상과 공유하면 나눌 수 있는 회사만이 높은 가치평가를 받을 수 있다. 그것은 규모에 따른 것은 아니다. 작은 기업은 작은 기업대로, 큰 기업은 큰 기업대로 그 가치를 만들어 제공함으로써 보다 나은 영향력을 미칠 수 있다.

그렇게 함으로써 기업은 세상에 좋은 브랜드 이미지로 알려지게 되고, 훌륭한 고객 경험을 통해, 조금 더 강력한 브랜드로 성장할 수 있다. 브랜드의 가치는 기업이 시장에서 차별화되고 고객에게 긍정적인 이미지를 제공하는 데 큰 역할을 하게 된다. 사회적 책임을 다하는 모습을 통해 높은 신뢰를 얻을 수 있고, 그에 따라 고객 로열티를 얻게 되어 보다 안정적인 수익 창출의 성장이라는 선순환 구조를 가질 수 있게 되는 것이다.

혁신과 도전은 기업의 존재 이유이자 과제다. 기업은 남들이 가지 않은 길을 스스로 개척해 나아가는 기업가정신을 근본으로 한다. 그 정신을 바탕으로 한 실천은 더 큰 가치로 나아가는 과정이 된다.

구정웅

CONTENTS

프롤로그
왜 사업하는가? 004

PART 1 Valuation 밸류에이션

Value 가치란 무엇인가? 012 ┃ Analysis 분석과 평가 014 ┃ Leverage 성장의 기반 017 ┃ Utility 시스템을 갖추었는가? 020 ┃ Asset 자산 가치평가 023 ┃ Trust 신뢰를 기반한 기업 025 ┃ Industrialization 산업화 단계 028 ┃ Ownership 오너의 경영능력 030 ┃ Networking 투자 생태계 033 ┃

PART 2 Pricing 프라이싱

Productivity 생산성 040 ┃ Returnable 수익성 042 ┃ Innovation 혁신성 045 ┃ Competitiveness 경쟁력 048 ┃ Influence 영향력 051 ┃ Needs 수요성 053 ┃ Growth 성장성 056 ┃

PART 3 가치평가와 가치전략

비즈니스 가치평가 060 ┃ 비즈니스 가치전략 063 ┃ 밸류에이션 방법 및 할인율 066 ┃ 현금흐름할인법 DCF 069 ┃ 가치평가, 감정평가, 신용평가 071 ┃ 시가총액과 기업 가치 074 ┃ 내부통제와 기업 가치평가 076 ┃ 멀티플의 원리 078 ┃ 레퍼런스 체크 082 ┃ LP와 GP 086 ┃ 할인율 088 ┃ 할인율, 기대수익률, 자본비용 090 ┃ 상환권과 전환권 093 ┃ 가치평가 없는 투자 SAFE 095 ┃ 기술 가치평가의 목적과 용도 099 ┃ 기술 특례상장의 요건과 절차 101 ┃ 기술 가치평가 체크리스트 104 ┃

PART 4　　　　　　　　　　　　　　　　가치란 무엇인가?

가치창출 원칙 108 ┃ 시장 가치, 본질 가치, 투자 가치, 내재 가치 112 ┃ 북밸류와 공정밸류 115 ┃ 프리밸류와 포스트밸류 117 ┃ TAM, SAM, SOM 119 ┃ 지분 희석 122 ┃ 청산 가치 125 ┃ 신주 투자와 구주 투자 128 ┃ 사모 펀드와 사모 투자 131 ┃ AI 스타트업의 가치 133 ┃

PART 5　　　　　　　　　　　　　　　　　　　가치평가 실무

비즈니스 가치평가의 절차 138 ┃ 기업 가치평가를 위한 자료 141 ┃ 시드 투자와 시리즈 투자 144 ┃ 투자 조건과 텀시트 148 ┃ 펀딩과 인베스팅 153 ┃ IR 자료 목록 155 ┃ 투자 계약서 목차 159 ┃ 주식 종류별 투자 방법 166 ┃ 투자 심사보고서 내용 170 ┃ 실사(Due Diligence) 자료 173 ┃ PER 방식의 공모가격 가치평가 예시 176 ┃ 밸류에이션 기법 178 ┃ 내부수익률(IRR) 180 ┃ 벤처 투자 절차 182 ┃ 상장 절차 184 ┃ 상장 예비심사 신청 시 제출서류 188 ┃ 투자 단계별 법적 유의점 190 ┃

PART 6　　　　　　　　　　　　　　　투자 생태계와 가치사슬

투자 생태계 196 ┃ 투자자들은 어디서 만날까? 198 ┃ 경영과 기업 가치평가 201 ┃ 자금조달과 WACC 205 ┃ 기업가의 나이와 밸류에이션의 상관관계 208 ┃ 코피티션 211 ┃ 스타트업의 투자 유치 절차 216 ┃

PART 7   가치의 밸류업

와우팩터와 스토리텔링 226 ┃ 투자 유치에 걸리는 시간과 돈이 떨어질 때까지의 시간 229 ┃ 고객 가치 모델 231 ┃ 스몰비즈니스 자금조달 236 ┃ 가치의 교환 239 ┃ 가치사슬과 가치시스템 241 ┃ 가치를 만드는 단계 243 ┃ 왜 상장하려고 하나 247 ┃ 기업 가치 제고 전략 249 ┃ 투자가 잘되는 기업 254 ┃ 전략적 투자자와 재무적 투자자 256 ┃

PART 8   넥스트 밸류

기업가와 투자가의 본질 260 ┃ 비히클, 한배를 타고 간다 263 ┃ 마스터플랜과 마일스톤 투자 266 ┃ 비즈니스 가치평가를 하는 이유 268 ┃ 나는 왜? 내가 왜? 271 ┃ 연쇄 창업가 274 ┃ M&A와 IPO 277 ┃ 어떻게 원하는 것을 얻는가? 280 ┃ 준비된 자 284 ┃

에필로그
당신의 비즈니스는 얼마입니까?   286

부록
주요 벤처 투자 관련 기관 및 업체   290
주요 벤처 투자 회사 목록   291
주요 가치평가 용어   293

PART 1

Valuation
밸류에이션

Value
가치란 무엇인가?

히말라야 고산족들은 양을 매매할 때 그 크기에 따라 값을 정하는 것이 아니라 양의 성질에 따라 값을 정한다고 한다. 양의 가치를 테스트하는 방법이 재미있다. 가파른 산비탈에 양을 놓아두고 살 사람과 팔 사람이 함께 지켜본다. 이때 양이 비탈 위로 풀을 뜯으러 올라가면 몸이 마른 양이라도 값이 오르고, 비탈 아래로 내려가면 살이 쪘더라도 값이 내려간다. 위로 올라가려는 양은 현재는 힘이 들더라도 넓은 산허리에서 풀을 뜯는 미래를 갖게 되지만, 아래로 내려가는 양은 현재는 수월하나 협곡 바닥에 이르러서는 굶주려 죽기 때문이라는 것이다.

시대별로 산업별로, 조금 더 높은 가치로 평가받는 비즈니스는 다르다. 그리고 같은 시대에 같은 회의장에서 같은 사람이 IR(Investor Relations, 투자자 관리)을 진행하더라도 바라보는 투자자의 관점에 따라 그 가치는 달라진다.

아무리 능력 있는 경영자라도 하더라도 쓰러져가는 비즈니스를 세워가는 데는 차이가 있게 마련이며, 같은 비즈니스라도 다른 경영자가 다른 관점에서 비즈니스를 다시 세워나간다면 그 결과는 달라진다. 그래서 투자 관점에서 비즈니스와 경영자를 바라볼 때 그 가치의 평가가 달라지는 것은 어쩌면 당연하다. 그 시점에서 시장에서 평가받는 다른 비슷한 규모의 기업들이 어떻게 가치를 평가받았는가 하는 것이 객관적이고 합리적인 데이터로 비교되어 그 가치가 정해지기도 하지만 그 또한 정답이라고 하기는 어렵다.

많은 사람이 투자는 연애와 비슷하다고 한다. 아무리 멋진 이성이라고 하더라도 그 상대인 파트너를 보면서 '왜?' 하고 의문을 던지게 되는 경우가 많다. 기업가와 투자자 간에 서로 끌리는 면이 있고 그 속에서 합을 발견하면 세상의 예상과는 전혀 다른 결과를 만들어내기도 하는 것이 투자 시장이다.

우리의 시선은 조금 더 쉬운 것들에 집중하라는 유혹을 받고 있다. 그렇지만 역경을 딛고 일어서야만 보이는 세계에 무지한 사람은 불행한 사람이 된다. 현실 이면의 그림을 볼 수 있어야 한다. 땀과 피를 흘려야 볼 수 있는 세상을 보는 자만이 값진 인생을 살 수 있다.

Analysis
분석과 평가

평가는 무언가의 가치나 가치를 결정하는 과정이며 분석은 무언가를 더 잘 이해하기 위해 구성요소로 분해하는 과정이다. 좋은 평가를 하기 위해서는 과거와 현재와 미래에 대한 여러 요소를 잘 분해해 분석하는 과정이 필요하다.

비즈니스 가치평가는 사업타당성에 대한 분석이다. 재무제표의 분석, 기술과 제품 그리고 시장에 대한 분석, 그리고 미래 가치에 대한 분석을 통해 투자 가치를 평가한다. 기본적인 기업 가치평가 방법 중에 다음과 같은 것들이 있다.

- PER(Price to Earning Ratio) : 주가 대비 수익 비율
- PBR(Price to Book Value Ratio) : 주가 대비 순자산 비율
- PSR(Price to Sales Ratio) : 주가 대비 주당 매출액 비율
- EPS(Earning Per Share) : 주당 순이익
- ROI(Return on Investment) : 투자 수익률
- ROE(Return on Equity) : 자기자본 순이익률

이러한 비율 분석을 통해 비즈니스의 현재 가치와 미래 가치 또는 청

산 가치가 평가될 수 있다. 그리고 이러한 방법들을 통해 본질 가치와 상대 가치를 평가하기도 하고 일반적인 주식 투자자들의 주식 투자를 하기 위한 기본 분석자료로 활용하기도 한다. 상대 가치는 비슷한 기업과 비교해서 가치를 평가하는 방법이고, 본질 가치는 자산 가치와 수익 가치를 합산한 가치를 의미한다.

매출이나 이익과 같은 펀더멘털(Fundamental)을 통해 본질 가치를 분석하는 것도 필요하지만, 시장의 상황과 국가 또는 국제 정세나 정책을 통해 달라지는 상대 가치도 함께 분석되어야 한다. 부동산 가격이 10년 이상 정체하거나 심지어 하락하는 때도 있지만, 1~2년 새에 두 배로 오르는 경우도 발생한다. 그래서 기업 가치평가를 위한 가치를 제시하거나 평가할 때는 본질 가치와 함께 상대 가치를 함께 제시하거나 평가한다.

비즈니스 가치에 대해 정해진 답은 없다. 경제 수업에서 수요와 공급의 법칙을 배우지만, 짜장면의 수요가 많아져서 짜장면의 가격이 10년에 두 배가 오르는 것은 아니다.

이 책에서 여러 번 언급될 기업 가치평가의 대표적인 두 가지 방법은 현금흐름할인법(DCF)과 상대가치평가법이다. 현금흐름할인법(DCF)은 기업의 비즈니스 모델과 시장 상황을 기반으로 미래에 창출될 현금을 예측한다. 다양한 각도에서 시장 환경, 경쟁 현황, 성장 가능성 등을 면밀히 분석해 미래 가치를 정교하게 분석한다. 또한, 그것을 수치로 조금 더 정확히 계산하기 위해 현금흐름 할인율에 따라 현재 가치로 변환해 기업의 내재 가치를 합리적으로 도출해 가치를 추정한다.

상대가치평가법은 대상 기업과 유사한 사업모델을 가진 동종 기업군을 식별해 비교 대상을 선정한 후, 이들의 시장 가격을 참조해 가치를 정한다. PER(Price Earning Ratio, 주가 대비 수익 비율)이나 손익계산서에서 당기순이익에 이자비용, 세금, 유무형 감가상각 등을 계산한 EV/EBITDA(Enterprise Value/Earnings Before Interest, Tax, Depreciation and Amortization)와 같은 수치화되고 신뢰할 수 있는 데이터를 활용해 대상 기업의 가치를 상대적으로 평가하기도 한다.

Leverage
성장의 기반

마크 저커버그(Mark Zuckerberg)의 하버드 연설 중 이런 내용이 있다.

"비밀을 하나 알려드리죠. 시작할 때는 아무도 모른답니다. 아이디어란 것은 처음부터 완성된 채로 나오지 않아요. 실행하는 과정을 통해 명확해지죠. 일단 시작하는 게 중요합니다. 사람들을 연결하는 방식에 대해 완벽히 이해해야 이 일을 시작할 수 있었다면 저는 페이스북(Facebook)을 시작하지도 못했을 겁니다. 영화와 대중문화가 전부 오해를 만들었어요. '이거야!' 하는 순간이 온다는 건 위험한 거짓말입니다. 한 번도 그런 순간이 없으면 마치 우리가 부족한 사람인 것처럼 만들어버리지요. 그렇게 되면 좋은 아이디어가 있어도 뭔가를 시작하기가 어려워집니다. 혁신에 대해 영화가 잘못 알려준 게 또 뭐가 있는지 아세요? 그 누구도 창문에 수학 공식을 적지 않는답니다. 전혀 아니에요."

개인이나 세상이 가진 자원은 희소하며 제한적이다. 그 희소한 자원을 가지고 최소한의 노력으로 최대의 효과를 내는 것이 많은 사람의 목표다. 지렛대라고 하는 레버리지(Leverage)는 그것을 이루어주는 중요한 장치 중의 하나다. 지렛대는 나의 힘에 남의 힘을 합쳐 더 큰 결과를 얻기 위한 목적으로 쓰이지만, 앞에 놓인 큰 바윗돌을 진흙 바닥에서 꺼내는 데도 사용된다. 즉, 앞이 턱 막혀 오지도 가지도 못하게 된 어려운 상황에서 나를 끌어올려 빼내줄 수 있는 장치 또한 레버리지라는 것이다. 결국 레버리지는 나를 위험하게 만들 수도 있고, 그 위험에서 꺼내줄 수 있는 장치이기도 하다는 것이다. 이 양날의 칼을 어떻게 사용하느냐 하는 것이 개인과 기업의 능력이자 책임이다.

주방에서는 쓰는 날카로운 칼은 여전히 위험하지만 그것이 없다면 맛있는 음식을 만들기 어렵다. 그렇다고 해서 잘 드는 칼이 있다고 해서 맛있는 음식이 만들어지는 것만도 아니다. 그것을 어떻게 어떤 용도로 사용하는가에 따라 결과가 달라진다는 뜻이다. 요리하면서 손가락이 베이는 것이 두려워서 무딘 칼이나 숟가락으로 음식 재료를 다듬을 수는 없는 노릇이다.

레버리지와 기업 가치평가 간의 관계는 기업의 재무 전략과 밀접하게 연관되어 있다. 레버리지는 기업의 성장과 수익성 향상에 기여될 수 있지만, 동시에 재무 위험을 증가시킬 수 있다. 따라서 기업 가치평가 시 레버리지 수준과 효과를 종합적으로 분석해 기업의 재무 안정성과 성장 가능성을 평가하는 것이 중요하다. 기업 가치평가 시에 기업의 부채비율이나, 이자보상배율 등의 레버리지 수준을 분석해 재무 위험을 평가한다. 이는 레버리지의 수준이 산업적 특성이나 경제적 상황에 따라 다르게 기여하게 되며, 어떤 단계의 기업에는 도약에 도움을 주기도 하지만 경우에 따라 기업 전체에 치명적인 영향을 미칠 수도 있기 때문이다.

투자는 비즈니스의 성장 단계에 있어서 레버리지로 작용하게 된다.

준비되고 목표가 확실한 비즈니스에 대해 더 큰 힘을 발휘하게 한다. 반면 잘못된 타이밍에 너무 힘이 약하거나, 또는 과한 레버리지를 쓰게 되면 그것이 기업 전체에 큰 부담으로 되돌아와서 발목을 잡게 되는 경우도 발생한다.

무차입 경영을 해나가는 기업은 타인의 힘을 도움받지 않고 스스로 차근차근 나아간다. 하지만 벤처 기업과 같이 혁신적인 성장을 도모하는 기업은 좋은 레버리지를 활용해 더 큰 성장의 발판으로 삼을 수 있다.

Utility
시스템을 갖추었는가?

감자는 익히면 부드러워지고, 달걀은 익히면 단단해진다. 감자는 탄수화물이 풍부하고, 달걀은 단백질이 풍부하다.

비즈니스의 가치에는 정답이 없다. 가치를 평가하는 방식이 있지만, 상황별로 시대별로 사람별로 그 가치는 다르게 평가된다. 비즈니스 밸류에이션은 정밀한 숫자를 통해 세밀하게 가치평가된다. 수요와 공급 그리고 시장 상황에 따라 매겨지는 가격 구조이지만, 어떻게 보면 추상적인 개념에 불과하다.

기업 가치평가를 할 때, 정부 규제, 산업 생태계 내에서 지위, 투자 설비비, 현금흐름, ESG 등 다양한 요소들이 평가된다. 아무리 사업성이 좋은 비즈니스라도 정부의 엄격한 규제를 받으며 산업화 또는 상용화에 이르기까지 시간이 오래 걸리는 사업이라면 이는 수익성, 투자 결정, 요금 책정 등에 직접적인 영향을 미칠 수밖에 없게 된다. 따라서 사업을 시작하기 전이나 투자를 유치하는 과정에서 규제 현황과 경쟁 현황 및 환경 변화 가능성을 면밀히 분석해야 한다.

기업가들이 자금조달을 하는 이유는 여러 가지가 있다. 그중 일시적으로 회사 내 자금이 경색되어 고비만 넘기고 가능한 한 빠르게 투자자들에게 돌려주려, 자금조달 비용을 최소화하려고 하는 때도 있을 것이다. 이런 경우에 급전을 조달하고 이자를 받는 시장이 존재하지만, 이는 이 책에서 말하는 기업 가치평가를 통한 투자와 이러한 시장에서의 벤처 투자자들의 생각과는 다른 구조다. 일반적인 투자자들은 단순히 돈을 빌려주고 받는 사람이 아니다. 비즈니스의 중장기적인 마스터플랜을 보고 성공에 이르는 시점까지 여러 번에 걸쳐서 자금이 필요한 시점마다 투자를 지속하며 함께 성공에 이르겠다는 생각을 기본적으로 하고 있다.

투자하거나 기업상장을 할 때 주요하게 보는 요소 중에는 투명성과 통제력이 있다. 이는 그 비즈니스나 기업이 시스템을 갖추었는가를 보는 것이다. 작은 기업에서는 대표자가 가장 유능해서 일일이 살펴보면 문제도 생기지 않고 대표자의 생각대로 하고자 하는 일이 잘 돌아간다. 하지만 기업이 조금씩 성장하면서 대표자가 관여하지 않고서도 문제없이 잘 돌아가게 하기 위해서는 별도의 장치가 필요하다. 그것이 시스템이며, 그 속에는 여러 가지 기능이 장착되어야 한다. 바로 투명성과 통제력이다.

투명성이라고 해서 모든 것을 공개하는 공개성을 말하는 것은 아니며, 통제력이라고 해서 직원들을 꼼짝 못 하게 통제하라는 의미도 아니다. 시스템이 갖춰져 있으며, 그 시스템대로만 하면 문제없이 하고자 하는 목표가 이루어질 수 있도록 만드는 장치를 말한다.

독일 컨설턴트이자 작가 보도 섀퍼(Bodo Schafer)는 "돈 버는 기계를 갖추지 않으면, 스스로 돈 버는 기계가 되어야 한다"고 말한 바 있다. 잘 돌아가지 않는 회사의 특징 중의 하나는 직원들이 쉴새 없이 바쁘게 일하고 있는데, 원하는 실적이 나오지 않거나 심지어 점점 실적이 나빠지는 것이다. 우선순위도 정해져 있지 않고 피드백도 없다. 그렇게 해서는 좋은 실적을 만들기도 어렵고, 좋은 가치평가를 통해 원하는 투자를 받기는 더욱 어렵다.

Asset
자산 가치평가

 자산은 기업 가치평가에 있어 중요한 요소이며, 기업의 재무 상태와 미래 성장 가능성을 판단하는 데 핵심적인 역할을 한다. 자산 평가는 기업의 순자산가치를 결정하고, 이는 기업의 전반적인 가치평가에 영향을 미친다. 즉, 기업 가치평가는 기업 자산의 가치를 평가하는 것이라고 봐도 크게 틀린 말이 아니다.

 기업이 보유한 자산의 종류와 규모를 파악해 기업의 재무 건전성을 평가할 수 있다. 그 재무 건전성은 투자자들이 투자 결정을 내리거나 인수합병을 할 때 적정 가격을 산정하는 과정에서 꼭 필요한 내용이다. 또는 금융기관이 대출 담보의 가치를 평가해 대출금액을 결정할 때도 필요한 것이 자산 재무 건전성이다. 한편 세금 신고나 회계 처리 시에도 자산의 가치를 정확히 반영해 평가한다.

 자산의 평가 방식은 크게 두 가지로 나눌 수 있다. 그것은 장부 가치평가와 시장 가치평가다. 장부 가치평가는 회계 장부에 기록된 자산의 가치를 기준으로 평가하는 방법이다. 객관적인 수치를 사용하지만 시장 상황을 반영하지 못한다는 단점이 있다. 또한 시장 가치평가는 시장에서 거래되는 자산의 실제 가격을 기준으로 평가하는 방법이다. 시장 상황을 반영하지만 비상장 자산이나 거래가 활발하지 않은 자산에는 적용하기 어렵다

자산의 종류에는 유형자산, 무형자산, 현금 및 유동성 자산, 부채 등이 있다.
- 유형자산 : 토지, 건물, 설비 등 유형자산은 기업의 생산 능력과 수익 창출 능력을 나타내는 중요한 지표. 유형자산의 규모와 효율성은 기업 가치에 긍정적인 영향을 미친다.
- 무형자산 : 특허, 상표, 브랜드 등 무형자산은 기업의 경쟁력과 미래 성장 가능성을 나타내는 중요한 지표. 무형자산의 가치는 기업의 혁신 능력과 시장 지배력에 따라 달라진다.
- 현금 및 유동 자산 : 기업의 단기적인 재무 안정성을 나타내는 지표. 충분한 현금 및 유동 자산은 기업의 위기 대응 능력을 높이고, 투자 기회를 확보하는 데 도움을 준다.
- 부채 : 기업의 자본조달 방식과 재무 위험을 나타내는 지표. 적절한 부채 비율은 기업의 성장 동력을 제공하지만 과도한 부채는 기업의 재무 안정성을 해칠 수 있다.

Trust
신뢰를 기반한 기업

트러스트(Trust)는 일반적으로 신뢰를 의미하며, 기업 가치평가에서는 다양한 측면에서 중요하게 고려된다. 기업은 기본적으로 직원과의 신뢰를 통해 운영되고, 고객과의 신뢰를 통해 유지될 수 있으며, 시장과 투자자와의 신뢰를 통해 크게 성장할 수 있다.

직원과의 신뢰는 기업의 효율성과 혁신을 높이는 데 기여된다. 직원들이 회사를 신뢰하고 안정감을 느낄 때 업무 몰입도가 높아지고 창의적인 아이디어를 제시할 가능성이 커진다. 고객과의 신뢰 관계는 기업의 장기적인 성장에 필수적이다. 고객의 신뢰를 얻은 기업은 안정적인 매출과 브랜드 가치를 유지할 수 있으며, 이는 기업 가치에 긍정적인 영향을 미친다. 그리고 기업의 사회적 책임 활동과 윤리 경영은 사회적 신뢰를 구축하는 데 중요하다. 사회적 신뢰를 얻은 기업은 긍정적인 이미지를 형성하고, 이는 기업 가치 상승으로 이어질 수 있다. 무엇보다 기업의 투명성과 신뢰성은 투자자들이 투자를 결정하는 데 중요한 요소다. 신뢰도가 높은 기업은 투자자들에게 안정적인 투자 대상으로 인식되어 기업 가치를 높일 수 있다.

신뢰가 기업 가치평가에 미치는 긍정적인 영향들은 다음과 같다.

- 미래 현금흐름 예측의 신뢰성 향상 : 투자자, 고객, 공급업체 등 이해관계자들의 신뢰는 기업의 지속적인 사업 운영 및 성장에 대한 확신을 높여 미래 현금흐름 예측의 정확성을 높인다. 신뢰가 높은 기업은 안정적인 매출, 낮은 고객 이탈률, 우호적인 사업 환경 등을 기대할 수 있다.
- 할인율 감소 : 신뢰도가 높은 기업은 일반적으로 위험이 낮은 것으로 평가받아 자본조달 비용이 낮아지는 경향이 있다. 이는 할인율 감소로 이어져 기업의 현재 가치를 높이는 효과를 가져오게 된다.
- 무형자산 가치 증대 : 기업의 평판, 브랜드 이미지, 고객 충성도 등 신뢰를 바탕으로 형성된 무형자산은 기업 가치평가에서 중요한 프리미엄 요인으로 작용한다. 강력한 브랜드 신뢰도는 경쟁 우위를 확보하고 가격 결정력을 높여 수익성 향상에 기여된다.
- 투자 유치 용이성 : 높은 신뢰도는 투자자들에게 긍정적인 신호를 보내 투자 유치를 용이하게 한다. 투자자들은 신뢰할 수 있는 경영진과 투명한 경영 시스템을 갖춘 기업에 투자하는 것을 선호한다.
- 위기관리 능력 강화 : 위기 상황 발생 시, 평소에 높은 신뢰를 쌓아온 기업은 이해관계자들의 지지와 이해를 얻기 쉬워 위기를 효과적으로 극복하고 기업 가치 하락을 최소화할 수 있다.

전통적인 기업 가치평가 모델들은 주로 재무적인 요소를 중심으로 이루어지지만, 최근에는 비재무적인 요소인 신뢰의 중요성이 강조되고 있다. 신뢰를 기업 가치평가에 반영하는 직접적인 측정 방법은 아직 일반화되지 않았지만, 다음과 같은 간접적인 방법들을 고려할 수 있다.

- 질적 평가 : 경영진의 신뢰성, 투명한 지배구조, 윤리 경영 실천 여부, 사회적 책임 활동 등을 종합적으로 평가해 기업의 신뢰도를 판단하고 이

를 가치평가에 반영한다.
- 평판 지수 활용 : 다양한 기관에서 발표하는 기업 평판 지수를 참고해 기업의 신뢰도를 간접적으로 측정하고 가치평가에 반영한다.
- ESG 평가 : 환경(Environmental), 사회(Social), 지배구조(Governance) 요소를 평가하는 ESG 지표는 기업의 사회적 책임 및 윤리 경영 수준을 나타내므로 신뢰도 평가의 중요한 참고 자료가 될 수 있다. 우수한 ESG 등급은 기업의 지속 가능성과 장기적인 가치 창출 능력을 높게 평가받도록 해준다.
- 이해관계자 분석 : 고객, 직원, 투자자 등 주요 이해관계자들의 만족도 및 충성도를 분석해 기업의 신뢰도를 파악하고 이를 가치평가에 반영한다. 설문조사, 인터뷰, 소셜 미디어 분석 등을 활용할 수 있다.
- 위험 분석 : 기업의 신뢰도 하락 가능성을 야기할 수 있는 잠재적인 위험요소(법적 문제, 윤리적 문제, 환경 문제 등)를 분석하고 이를 가치평가의 할인율에 반영한다.

Industrialization
산업화 단계

산업화 단계가 진행될수록 기업 가치평가는 유형자산 중심에서 무형자산, 미래 성장 잠재력, 수익 창출 능력 중심으로 이동하는 경향을 보인다. 또한, 단계별 경제 및 산업 환경의 특징이 기업의 성장과 수익성에 큰 영향을 미치므로, 기업 가치평가 시 이러한 거시적인 요인들을 종합적으로 고려해야 한다.

산업의 성장 사이클 생애주기(Lifecycle)에 따라서 기업 가치는 달라진다. 산업화 도입기에 시장의 인식도가 낮은 신기술과 신제품 중심의 시장이 형성되기 시작한다. 이때는 매우 불확실한 미래 성장성을 보고 높은 멀티플(PSR, PER 등)로 기업의 가치가 평가되는 것이 일반적이라서 매출액보다는 주로 팀의 조직, 기술력, 특허 등 질적인 요소에 의해 가치평가가 이루어진다.

산업이 성장기에 접어들면서 시장의 수요가 증가하게 되고, 기업의 매출이 성장하게 되고, 경쟁사가 등장하기 시작한다. 이때 관련 기업들은 투자자들로부터 관심을 받게 되어 활발한 투자가 이루어지기 시작한다. 주로 주가와 매출의 비율에 기반한 PSR 중심의 밸류에이션이 많이 사용되는 기간이므로, 매출성장률, 시장 점유율, 고객 확보 속도 등의 주요한 투자 가치평가지표로 이용된다.

시장이 급속이 커지고, 다양한 이해관계자들의 시장 참여도가 높아지면서 시장의 산업화는 성숙기에 다다르게 된다. 이때는 시장이 포화하고 성장이 느려지며 효율성이 중시되는 특성이 나타나는 단계다. 현금흐름이나 수익성 기반의 안정적인 가치평가가 이루어지는 기간이므로, 이때는 주로 PER이나 EV/EBITDA와 같은 가치평가 방식이 사용된다. 따라서 비즈니스에 대한 이익률이나 ROE(Return on Equity), EBITDA 등과 같은 지표들이 중요시되는 기간으로 볼 수 있다.

마지막으로 산업의 쇠퇴기에는 모든 것이 안정되지만, 기술이 노후화되고 시장이 축소된다. 비즈니스의 미래 성장성을 기대하기 힘들므로 멀티플도 따라서 낮아지고, 구조조정이나 인수합병 등이 이슈가 점차 많아지는 기간이다. 이때의 가치평가는 주로 잉여현금흐름이나 자산 가치 중심의 평가가 이루어지게 된다.

Ownership
오너의 경영능력

기업에 있어서 경영자의 중요성은 아무리 강조해도 지나치지 않다. 마치 배의 선장과 같이, 경영자는 조직이라는 배를 이끌고 목표라는 항구를 향해 나아가는 핵심적인 역할을 수행하기 때문이다. 경영자의 리더십, 전략적 사고, 의사결정 능력은 기업의 존망과 성장, 그리고 궁극적으로 기업 가치에 결정적인 영향을 미친다.

경영자는 조직의 나아갈 방향을 명확하게 제시하고, 장기적인 비전을 수립한다. 이 비전은 조직 구성원들에게 공동의 목표를 제시하고 동기 부여를 통해 하나로 뭉치게 하는 핵심적인 역할을 한다. 명확한 방향 설정 없이는 조직은 표류하기 쉽고, 잠재력을 제대로 발휘할 수 없다. 제시된 비전을 달성하기 위한 구체적인 전략을 수립하고, 이를 효과적으로 실행하는 것은 경영자의 중요한 임무다. 시장 상황 분석, 경쟁 환경 이해, 핵심역량 파악 등을 바탕으로 한 전략은 기업의 지속 가능한 성장을 가능하게 한다. 탁월한 전략 없이 노력만으로는 원하는 결과를 얻기 어렵기 때문이다.

기업 경영은 끊임없는 의사결정의 과정이다. 중요한 투자 결정부터 일상적인 업무 지시에 이르기까지, 경영자의 판단은 기업의 현재와 미래를 좌우한다. 신속하고 정확하며, 때로는 과감한 의사결정 능력은 기업이 기회를 포착하고 위기를 극복하는 데 필수적이다. 또한, 기업이 보유한 인적, 물적, 재정적 자원을 효율적으로 배분하고 관리하는 것은 경영자의 핵심역량 중 하나다. 제한된 자원을 최적의 방식으로 활용해 생산성을 높이고, 낭비를 줄이는 능력은 기업의 수익성과 효율성을 극대화할 수 있다.

경영자는 긍정적이고 혁신적인 조직 문화를 이끌어 기업의 경쟁력을 강화해야 한다. 경영자가 이러한 문화를 조성하고 유지를 주도할 때, 구성원들이 자율적으로 능력을 발휘하고 협력할 수 있는 환경을 만들어야 한다.

기업의 가장 중요한 자산은 바로 사람이다. 경영자는 우수한 인재를 확보하고, 그들의 잠재력을 최대한으로 끌어올릴 수 있도록 교육 및 성장 기회를 제공해야 한다. 능력 있는 인재는 기업의 혁신과 성장을 이끄는 핵심 동력이다. 또한, 경영자는 예측 불가능한 위기 상황에 대해 침착하게 대처하고, 신속하고 효과적인 의사결정을 통해 기업의 손실을 최소화하고 정상 궤도로 복귀시킬 수 있어야 한다.

기업가정신은 단순히 새로운 사업을 시작하는 행위를 넘어, 혁신적인 아이디어를 발굴하고 위험을 감수하며, 불확실성 속에서도 기회를 포착해 가치를 창출하려는 적극적이고 창조적인 사고방식 및 태도를 의미한다. 이러한 기업가정신은 기업의 성장과 발전에 핵심적인 동력이 되며, 기업 가치평가에도 중요한 영향을 미친다.

오너십(Ownership)은 기업 가치평가에 있어 중요한 요소이며, 기업의 소유 구조, 경영 방식, 그리고 의사결정에 영향을 미친다. 오너십 구조는 신속한 의사결정과 책임경영을 통해 비즈니스의 효율성을 높임으로써 기업의 경영 효율성에 영향을 미친다. 그래서 투자자들은 기업의 오너십 구조를 투자 결정의 중요한 요소로 고려한다. 안정적인 오너십 구조는 투자자들에게 신뢰를 주어 투자 유치에 긍정적인 영향을 줄 수 있다. 특히 장기적인 비전을 지닌 오너는 기업의 지속적인 성장을 위한 전략을 추진할 가능성이 크며, 오너의 가치관과 경영 철학, 그리고 투명한 지배구조가 갖추어진 이 구조는 기업 문화 형성에 긍정적인 영향을 미치게 되어 직원들의 만족도와 생산성을 높여 기업 가치 상승에 기여될 수 있다.

Networking 투자 생태계

투자 생태계는 자금 공급자와 수요자, 그리고 이들을 연결하고 지원하는 다양한 요소들이 상호작용하며 형성되는 시스템을 의미한다. 이는 단순히 돈이 오가는 것을 넘어, 정보 공유, 네트워킹, 전문지식 교류, 인프라 지원 등 복합적인 관계를 포함한다. 건강한 투자 생태계는 혁신적인 아이디어를 가진 기업이나 프로젝트가 필요한 자금을 확보하고 성장할 수 있도록 돕고, 투자자에게는 매력적인 투자 기회를 제공해 경제 발전에 기여된다.

투자 생태계의 주요 구성요소는 다음과 같다.

1. 자금 공급자(Investors)
① 개인 투자자 : 엔젤 투자자, 고액 자산가 등
② 기관 투자자 : 벤처캐피탈(VC), 사모펀드(PE), 연기금, 보험사, 은행 등
③ 크라우드 펀딩 플랫폼 : 다수의 개인으로부터 소액 투자를 유치하는 플랫폼
④ 정부 및 공공기관 : 정책 자금, 펀드 출자 등을 통해 투자 활성화를

지원
⑤ 자금 수요자(Investees)
- 스타트업(Startups) : 초기 단계의 혁신 기업
- 중소·중견기업 : 성장 자금, 사업 확장 자금 등을 필요로 하는 기업
- 프로젝트 : 특정 목표를 가진 사업 또는 연구 개발 프로젝트

2. 중개 및 지원 기관

① 액셀러레이터(Accelerator) : 초기 스타트업의 성장 가속화를 위한 멘토링, 교육, 네트워킹, 초기 자금 등을 제공
② 인큐베이터(Incubator) : 창업 초기 기업에 사무 공간, 컨설팅 등 초기 정착에 필요한 지원 제공
③ 투자 자문사 : 투자 유치, 전략 수립에 대한 전문적인 컨설팅 제공
④ 법률 및 회계 법인 : 법률 및 회계 관련 전문 서비스 제공
⑤ 기술 이전 기관 : 대학, 연구소 등의 기술을 사업화로 연결

3. 인프라

① 법률 및 제도 : 투자 관련 법규, 세제 혜택 등 투자 활동을 지원하는 제도적 환경
② 금융 시스템 : 효율적인 자금 이동 및 관리 시스템
③ 기술 및 인력 : 혁신적인 기술과 숙련된 인력
④ 네트워킹 : 투자자와 기업 간의 교류 및 협력을 촉진하는 행사, 커뮤니티 등
⑤ 정보 : 투자 관련 시장 동향, 기업 정보 등을 제공하는 플랫폼 및 정보 채널

미국 등 투자 생태계가 갖추어진 선진국과 그렇지 못한 환경에서의 기업 가치평가는 다르다. 투자 생태계가 기업 가치평가에 미치는 영향은 다음과 같다.

- 자금조달 용이성 및 투자 유치 경쟁 : 활발한 투자 생태계는 기업이 필요한 자금을 보다 쉽게 조달할 수 있는 환경을 제공한다. 다양한 투자자들이 경쟁적으로 유망한 기업에 투자하려는 경향은 기업 가치 상승의 요인으로 작용한다. 반대로 투자 심리가 위축된 시기나 투자 생태계가 침체된 경우에는 기업 가치평가가 보수적으로 이루어질 수 있다.
- 투자 조건 및 계약 : 투자 생태계의 경쟁 환경은 투자 조건에도 영향을 미친다. 투자 유치가 어려운 시기에는 기업이 투자자의 요구에 더 많은 부분을 수용해야 할 수 있으며, 이는 기업 가치평가에 불리하게 작용할 수 있다. 투자 계약 시 포함되는 상환권, 전환권 등의 조건은 미래 기업 가치에 영향을 미칠 수 있다.
- 시장 평가 및 비교 대상 : 투자 생태계 내에서 유사한 사업 모델을 가진 기업들의 투자 유치 사례는 해당 기업의 시장 가치를 간접적으로 보여주는 비교 대상이 될 수 있다. 성공적인 엑시트(M&A, IPO) 사례가 많을수록 다른 기업들의 기업 가치에 긍정적인 영향을 미친다.
- 성장 가능성에 대한 기대감 : 투자자들은 투자 결정을 내릴 때 기업의 기술력, 시장 경쟁력, 경영진 역량뿐만 아니라 투자 생태계 내에서의 성장 가능성을 종합적으로 판단한다. 스타트업의 경우, 액셀러레이터 프로그램 참여, 성공적인 투자 유치 이력 등은 비즈니스의 성장 가능성에 대한 신뢰도를 높여 기업 가치평가에 긍정적인 영향을 줄 수 있다.
- 네트워킹 및 정보 접근성 : 활발한 투자 생태계는 기업에 투자자, 멘토, 업계 관계자 등 다양한 네트워크를 형성할 기회를 제공한다. 이러한 네

트워크를 통해 얻는 정보와 지원은 기업의 성장을 가속화하고, 이는 장기적으로 기업 가치 상승으로 이어질 수 있다.

PART 2

Pricing
프라이싱

Productivity
생산성

    기업의 생산성은 투입된 자원 대비 산출된 재화나 서비스의 양을 의미하며, 효율성을 나타내는 지표다. 기업의 생산성 변화는 제품 및 서비스 가격에 직접적인 영향을 미치게 된다. 일반적으로 기업 생산성이 향상되면 여러 경로를 통해 제품 및 서비스 가격이 경쟁력을 가질 수 있도록 작용하게 된다.

- 비용 절감 : 생산성 향상은 동일한 산출량을 더 적은 자원으로 생산하거나, 동일한 자원으로 더 많은 산출량을 생산하는 것을 의미한다. 이는 기업의 생산 비용 감소로 이어지게 된다.
- 규모의 경제 : 생산량 증가에 따른 규모의 경제 효과는 단위당 고정비용을 감소시켜 전체적인 생산 비용을 낮출 수 있다.
- 경쟁 우위 확보 : 높은 생산성은 기업이 경쟁사보다 낮은 비용으로 제품이나 서비스를 제공하거나, 더 높은 품질의 제품이나 서비스를 제공할 수 있도록 해준다. 이는 시장 경쟁에서 우위를 확보하고 지속적인 성장을 가능하게 해 기업 가치를 높이는 역할을 하게 된다.
- 이윤 증대 : 비용 절감에도 불구하고 가격을 유지하면 기업의 이윤이 증가하게 된다. 이윤 증가는 기업의 투자 여력을 확대하고, 장기적으로 생

산성 향상을 위한 추가적인 혁신을 가능하게 만들어준다.
- 수익성 증가 : 생산성 향상은 동일한 자원으로 더 많은 산출물을 생산하거나, 동일한 산출물을 더 적은 자원으로 생산하는 것을 의미한다. 이는 비용 절감 및 수익 증가로 이어져 기업의 수익성을 개선하게 된다. 수익성 증가는 기업 가치평가의 핵심 요소 중 하나다.
- 자원 효율성 증대 : 생산성 향상은 노동, 자본, 에너지 등 기업이 사용하는 다양한 자원의 효율성을 높인다. 이는 불필요한 비용 지출을 줄이고, 환경 지속 가능성에도 기여되어 장기적인 기업 가치에 긍정적인 영향을 미치게 된다.
- 투자 매력도 증가 : 높은 생산성과 그로 인한 수익성 개선은 투자자들에게 매력적인 투자 요인이 된다. 이는 기업의 자본조달 비용을 낮추고 주가를 상승시켜 기업 가치를 높이는 효과를 가져온다.

기업 생산성 측정 지표로는 다음과 같은 것들이 있다.
- 노동 생산성 : 총산출량을 투입된 노동 시간 또는 노동자 수로 나눈 값으로, 노동 효율성을 측정
- 자본 생산성 : 총산출량을 투입된 자본(총자산, 유형자산 등)으로 나눈 값으로, 자본 이용 효율성을 측정
- 총 요소 생산성 : 노동과 자본 등 모든 투입 요소의 변화를 고려해 산출량 변화를 측정하는 지표로, 기술 혁신이나 효율성 개선 등 복합적인 생산성 변화를 나타낸다.
- 부가가치율 : 매출액 대비 부가가치가 차지하는 비율로, 기업의 생산 활동이 얼마나 많은 가치를 창출했는지 나타낸다.

Returnable
수익성

수익성은 기업이 일정 기간에 얼마나 많은 이익을 창출했는지를 나타내는 지표다. 이는 기업의 경영성과를 평가하는 데 중요한 기준이 되며, 기업 가치평가에도 핵심적인 영향을 미친다. 그리고 높은 수익성은 일반적으로 높은 기업 가치로 이어진다.

- 미래 현금흐름 증대 : 수익성이 높은 기업은 미래에도 꾸준히 많은 이익을 창출할 가능성이 크다. 기업 가치평가는 미래의 기대 현금흐름을 현재 가치로 할인해 산정하므로, 높은 수익성은 높은 미래 현금흐름 예측으로 이어져 기업 가치를 상승시키게 된다. 특히 할인현금흐름(DCF) 모형은 미래의 잉여현금흐름을 할인해 기업 가치를 평가하는 대표적인 방법으로, 수익성은 이 잉여현금흐름의 중요한 결정 요인이 된다.
- 투자 매력도 증가 : 꾸준하고 높은 수익을 보이는 기업은 투자자들에게 매력적인 투자 대상으로 인식된다. 이는 주가 상승으로 이어져 시장 가치를 높일 수 있다.
- 자금조달 용이성 : 수익성이 좋은 기업은 외부 자금조달 시 유리한 조건을 얻을 수 있다. 낮은 금리로 자금을 조달하거나, 증자를 통해 더 많은 투자금을 유치할 수 있어 기업 성장에 긍정적인 영향을 미치고 이는 기

업 가치 상승으로 이어진다.
- 재투자 여력 확보 : 높은 수익은 기업이 연구개발, 설비 투자, 인수합병 등 미래 성장을 위한 재투자를 할 수 있는 여력을 제공한다. 이는 장기적인 기업 가치 향상에 기여된다.

다양한 수익성 지표들이 기업의 수익성을 측정하는 데 활용되며, 이는 기업 가치평가 시 중요한 참고 자료가 된다. 주요 수익성 지표는 다음과 같다.
- 매출총이익률(Gross Profit Margin) : 매출액에서 매출원가를 차감한 매출총이익이 매출액에서 차지하는 비율로, 제품 판매의 수익성을 나타낸다.
- 영업이익률(Operating Profit Margin) : 매출액에서 매출원가 및 판매비와 관리비를 차감한 영업이익이 매출액에서 차지하는 비율로, 기업의 주된 영업활동으로 인한 수익성을 나타낸다.
- 세전이익률(Pre-tax Profit Margin) : 영업이익에 영업외수익을 더하고 영업외비용을 차감한 세전이익이 매출액에서 차지하는 비율로, 세금 납부 전의 기업 전체적인 수익성을 나타낸다.
- 순이익률(Net Profit Margin) : 당기순이익이 매출액에서 차지하는 비율로, 모든 비용과 세금을 차감한 최종적인 수익성을 나타낸다.
- 자기자본이익률(ROE, Return on Equity) : 당기순이익을 자기자본으로 나눈 비율로, 주주가 투자한 자본이 얼마나 효율적으로 이익을 창출했는지 나타낸다.
- 총자산이익률(ROA, Return on Assets) : 당기순이익을 총자산으로 나눈 비율로, 기업이 보유한 모든 자산을 얼마나 효율적으로 활용해 이익을 창출했는지 나타낸다.

- EBITDA (Earnings Before Interest, Taxes, Depreciation and Amortization) : 이자, 세금, 감가상각비, 무형자산 상각비 차감 전 이익으로, 기업의 실제 현금 창출 능력을 보여주는 지표로 활용된다. 특히 EV/EBITDA 배수는 기업 가치평가 시 널리 사용되는 상대가치평가법 중 하나다.

Innovation
혁신성

벤처 기업은 뛰어난 기술력과 성장 가능성을 지닌 기업을 말한다. 혁신적인 기업은 새로운 시장을 창출하고 경쟁 우위를 확보해 높은 수익성을 달성할 가능성이 크기 때문에 보다 높은 기업 가치평가를 받을 수 있다. 미국 실리콘밸리에서 높은 가치평가를 받는 스타트업들의 특징은 고객과 시장의 문제를 해결하는 '문제 해결성(Problem Solving)', 기존의 제품과 솔루션의 특징과 기술력을 파괴하는 '파괴성(Disruptiveness)', 이전에 없던 새로운 제품과 서비스를 창조해 제공하는 '창조성(Creativity)', 매우 빠르게 성장할 수 있는 구조를 갖추고 유기적으로 성장하는 '빠른 성장성(Rapid Growth)', 리스크나 어려움을 극복하고 빠르게 회복하는 '회복성(Resilience)'을 가지고 있다.

혁신이 기업 가치평가에 미치는 영향은 다음과 같다.
- 미래 성장 잠재력 : 혁신적인 기업은 새로운 기술, 제품 또는 서비스를 개발해 미래 성장 동력을 확보한다. 투자자들은 이러한 기업의 잠재력을 높게 평가하며, 이는 기업 가치 상승으로 이어진다.
- 경쟁 우위 : 혁신은 기업이 경쟁사보다 앞서 나갈 수 있도록 돕는다. 독

점적인 기술이나 차별화된 제품은 기업의 시장 지배력을 강화하고, 높은 수익성을 유지하는 데 기여된다.
- 브랜드 가치 : 혁신적인 기업은 긍정적인 이미지를 구축하고 브랜드 가치를 높일 수 있다. 이는 고객 충성도를 높이고 신규 고객을 유치하는 데 도움이 되며, 기업 가치 상승으로 이어진다.
- 리스크 감소 : 혁신은 기업이 변화하는 시장 환경에 적응하고 새로운 기회를 창출하도록 돕는다. 이는 기업의 리스크를 줄이고 안정적인 성장을 가능하게 한다.
- 무형자산 : 혁신은 특허, 기술 노하우, 브랜드 가치 등 무형자산을 창출한다. 이러한 무형자산은 기업의 경쟁력을 강화하고 미래 수익 창출에 기여되어 기업 가치를 높인다.

기업 가치평가 시에 이용되는 혁신평가지표로는 다음과 같은 것들이 있다.
- 연구개발(R&D) 투자 : R&D 투자는 기업의 혁신 의지와 능력을 보여주는 중요한 지표다. R&D 투자 비율이 높은 기업은 미래 성장 가능성이 큰 것으로 평가받을 수 있다.
- 특허 및 기술력 : 특허 수는 기업의 기술 경쟁력을 나타내는 지표다. 독점적인 특허를 보유한 기업은 시장에서 높은 가치를 인정받을 수 있다.
- 신제품 출시 및 시장 반응 : 신제품 출시 빈도와 시장 반응은 기업의 혁신 능력을 평가하는 중요한 지표다. 성공적인 신제품은 매출 증대로 이어져 기업 가치를 높일 수 있다.
- 디지털 전환과 AI 도입 : 디지털 전환과 AI 도입은 기업의 혁신적인 변화 수준을 나타내는 지표다. 디지털 트렌드에 발 빠르게 대응하고, 디지털

기술을 적극적으로 활용하는 기업은 높은 가치를 인정받을 수 있다.
- 오픈 이노베이션 : 외부와의 협력과 기술 제휴, 즉 오픈 이노베이션은 빠르게 변화하는 시장 환경에서 혁신의 효율성을 높이는 중요한 전략이다.

Competitiveness
경쟁력

기업의 경쟁력은 해당 산업 내에서 다른 기업들보다 우월한 위치를 점하고, 지속적인 성장을 가능하게 하는 핵심역량이다. 강력한 경쟁력을 보유한 기업은 그렇지 못한 기업에 비해 더 높은 수익성을 창출하고, 위험에 대한 회복력이 강하며, 장기적인 성장 잠재력이 크다고 평가받게 된다. 이러한 요소들은 기업의 밸류에이션에 직접적이고 중요한 영향을 미친다.

기업의 경쟁력은 다양한 형태로 나타날 수 있으며, 주요 요소들은 다음과 같다.

- 가격 경쟁력 : 효율적인 생산 시스템, 낮은 원가 구조 등을 통해 경쟁사보다 저렴한 가격으로 제품이나 서비스를 제공하는 능력
- 브랜드 인지도 및 이미지 : 강력한 브랜드 파워를 구축해 고객의 신뢰와 선호도를 얻는 능력
- 유통망 : 효과적이고 광범위한 유통채널을 확보해 제품이나 서비스의 접근성을 높이는 능력
- 기술력 : 핵심 기술 및 특허 보유, 연구개발 능력 등을 통해 기술 우위를

확보하는 능력
- 인적 자원 : 우수한 인재 확보 및 유지, 효과적인 조직 문화 구축 등을 통해 조직 역량을 강화하는 능력
- 운영 효율성 : 효율적인 생산 프로세스, 공급망 관리, 비용 관리 등을 통해 수익성을 극대화하는 능력
- 지적 재산권 : 특허, 상표, 저작권 등 독점적인 권리를 확보해 경쟁자의 진입을 장벽을 치는 능력
- 네트워크 효과 : 특정 제품이나 서비스의 사용자 수가 증가함에 따라 그 가치가 함께 증가하는 효과

강력한 기업 경쟁력은 다양한 경로를 통해 기업의 밸류에이션을 높이는 요인으로 작용하게 된다.
- 높은 수익성 및 성장성 : 경쟁 우위를 통해 더 높은 마진을 확보하거나, 시장 점유율을 확대해 높은 수익 성장률을 달성할 수 있다. 이는 미래 현금흐름 할인 모형(DCF)에서 더 높은 미래 현금흐름 예측으로 이어져 기업 가치를 상승시킨다.
- 낮은 위험도 : 지속적인 경쟁 우위는 기업의 사업 안정성을 높이고, 외부 충격에 대한 회복력을 강화해 투자자들에게 낮은 위험으로 인식된다. 이는 가치평가 시 적용되는 할인율을 낮추는 요인이 되어 현재 가치를 높인다.
- 프리미엄 가치 부여 : 독점적인 기술, 강력한 브랜드, 넓은 시장 점유율 등은 경쟁 기업 대비 높은 프리미엄 가치를 부여받게 한다. 이는 상대가치평가(Multiple Valuation) 시 더 높은 배수(Multiple)를 적용받는 요인이 된다. 예를 들어, 동종 산업 평균 PER보다 높은 PER을 적용받을 수 있다.

- 자금조달 용이성 : 경쟁력 있는 기업은 투자자들에게 매력적인 투자 대상으로 인식되어 자금조달이 용이하며, 이는 기업의 성장 동력을 확보하고 미래 가치를 높이는 데 기여된다.
- 인수합병 시 높은 가격 : 경쟁력 있는 기업은 인수합병 시장에서 높은 매각 가격을 받을 가능성이 크다. 인수자는 대상 기업의 경쟁력을 통해 시장 지배력을 강화하고 시너지를 창출할 수 있다고 판단될 수 있다.

Influence
영향력

기업의 영향력은 단순히 시장 점유율이나 규모를 넘어, 고객, 공급업체, 경쟁사 등 다양한 이해관계자에게 미치는 직간접적인 힘과 파급 효과를 의미한다. 이러한 영향력은 기업의 현재 성과와 미래 성장 잠재력에 큰 영향을 미치며, 궁극적으로 기업의 밸류에이션에도 상당한 영향을 미치게 된다. 기업의 영향력은 다양한 측면에서 나타날 수 있다.

- 시장 지배력(Market Power) : 특정 시장에서 높은 점유율을 차지하거나, 가격 결정력을 행사하는 능력이다. 강력한 시장 지배력은 높은 수익성과 안정적인 현금흐름을 가능하게 한다.
- 브랜드 파워(Brand Power) : 강력한 브랜드 인지도와 긍정적인 이미지를 통해 고객의 충성도를 확보하고, 프리미엄 가격을 책정할 수 있는 능력
- 네트워크 효과(Network Effect) : 제품이나 서비스의 사용자 수가 증가함에 따라 그 가치가 함께 증가하는 현상이다. 특히 플랫폼 비즈니스에서 강력한 영향력을 발휘하게 된다.
- 기술 리더십(Technological Leadership) : 혁신적인 기술 개발 및 상용화를 통해 시장을 선도하고, 경쟁 우위를 확보하는 능력
- 규제 영향력(Regulatory Influence) : 정부 정책이나 규제 변화에 영향을

미치거나, 유리한 규제 환경을 조성하는 능력
- 사회적 영향력(Social Impact) : 사회적 책임 활동, ESG 경영 등을 통해 기업 이미지를 제고하고, 이해관계자들의 지지를 얻는 능력
- 협상력(Bargaining Power) : 공급업체, 고객 등과의 협상에서 유리한 조건을 이끌어낼 수 있는 능력
- 생태계 구축 능력(Ecosystem Building) : 플랫폼을 중심으로 다양한 참여자(개발자, 파트너 등)와 협력해 새로운 가치를 창출하고, 시장을 확장하는 능력

Needs
수요성

시장의 니즈(Needs)는 소비자들이 특정 제품이나 서비스에 대해 필요로 하거나 원하는 것을 의미한다. 이러한 시장 니즈는 기업의 가격 결정에 중요한 영향을 미친다. 소비자들이 어떤 가치를 중요하게 생각하고, 얼마만큼의 가격을 지불할 의향이 있는지 파악하는 것은 성공적인 가격 전략 수립의 핵심이다. 시장 니즈가 가격에 미치는 영향은 다음과 같다.

- 지불 의향(Willingness to Pay) : 소비자들이 특정 니즈를 충족하기 위해 지급할 의사가 있는 최대 금액은 제품이나 서비스의 가격 결정에 직접적인 영향을 미친다. 높은 시장 니즈를 충족하는 혁신적이거나 차별화된 제품은 소비자들이 더 높은 가격을 지급할 의향이 있어 프리미엄 가격 전략을 구사할 수 있다.

- 가격 민감도(Price Sensitivity) : 시장 니즈의 성격과 경쟁 상황에 따라 소비자들이 가격 변화에 얼마나 민감하게 반응하는지가 달라진다. 필수재에 대한 니즈는 가격 변화에 덜 민감한 반면, 대체재가 많거나 사치재에 대한 니즈는 가격에 더 민감하게 반응한다. 기업은 이러한 가격 민감도를 고려해 가격을 설정해야 한다.

- 가치 인식(Perceived Value) : 소비자들이 제품이나 서비스로부터 얻는다

고 인식하는 가치는 가격 결정의 중요한 기준이 된다. 기능적 니즈뿐만 아니라 감성적, 사회적 니즈까지 충족시키는 제품은 더 높은 가치를 인정받아 높은 가격으로 판매될 수 있다.

- 경쟁 환경 : 경쟁사들이 유사한 시장 니즈를 충족시키는 제품이나 서비스를 어떤 가격으로 제공하는지 분석하는 것은 필수적이다. 경쟁사의 가격 전략은 자사의 가격 결정에 중요한 참고 자료가 된다.
- 제품 라이프사이클 : 제품이 시장에 처음 출시되었을 때는 높은 니즈와 혁신성으로 인해 높은 가격을 책정할 수 있지만, 시장이 성숙하고 경쟁이 심화되면 가격 인하 압력을 받을 수 있다.

기업은 시장 니즈를 기반으로 해서 다양한 가격 결정 전략을 활용할 수 있다.

- 가치 기반 가격 결정(Value-Based Pricing) : 소비자들이 인식하는 제품이나 서비스의 가치에 맞춰 가격을 설정하는 전략이다. 시장 조사와 고객 분석을 통해 소비자들이 어떤 니즈를 중요하게 생각하고, 그 니즈 충족에 얼마만큼의 가치를 부여하는지 파악하는 것이 중요하다.
- 프리미엄 가격 결정(Premium Pricing) : 높은 품질, 독점적인 기능, 강력한 브랜드 이미지 등을 바탕으로 경쟁사보다 높은 가격을 책정하는 전략이다. 이는 특정 니즈를 강력하게 충족시키거나, 특별한 경험을 제공하는 제품에 적합하다.
- 침투 가격 결정(Penetration Pricing) : 시장 진입 초기 낮은 가격을 설정해 시장 점유율을 빠르게 확보하는 전략이다. 이는 가격에 민감한 시장이거나 규모의 경제 효과를 통해 원가 우위를 확보할 수 있을 때 효과적이다.

- 균형 가격 결정(Going-Rate Pricing) : 경쟁사들의 가격 수준에 맞춰 자사 제품의 가격을 결정하는 전략이다. 이는 제품 차별화가 어렵거나 경쟁이 치열한 시장에서 주로 사용된다.
- 수요 기반 가격 결정(Demand-Based Pricing) : 시장 수요의 변화에 따라 가격을 유동적으로 조정하는 전략이다. 예를 들어, 수요가 높은 시간대에는 가격을 높이고, 수요가 낮은 시간대에는 가격을 낮추는 방식을 말한다.

Growth
성장성

기업의 성장성이란 기업의 규모나 경영성과가 일정 기간 얼마나 확대되었는지를 나타내는 지표다. 이는 기업의 미래 잠재력과 투자 가치를 판단하는 데 중요한 요소로 활용된다. 성장성이 높다는 것은 기업이 시장에서 경쟁력을 확보하고 지속적으로 발전하고 있다는 의미로 해석될 수 있다. 기업의 성장성을 측정하는 데 사용되는 주요 재무지표는 다음과 같은 것들이 있다. 이러한 지표들은 과거의 성장 추세를 보여주며, 미래 성장 가능성을 예측하는 데 참고 자료가 된다.

1. 매출액 증가율
당기 매출액이 전기 대비 얼마나 증가했는지 나타내는 지표로, 기업의 외형적인 성장세를 파악하는 데 가장 기본 지표가 된다.
- 계산식 : (당기 매출액−전기 매출액)/전기 매출액×100(%)

2. 영업이익 증가율
기업의 주된 영업활동으로 벌어들인 이익이 전기 대비 얼마나 증가했는지 보여준다. 매출 증가와 함께 영업이익이 증가해야 질적인 성장을 의미한다.

- 계산식 : (당기 영업이익-전기 영업이익)/전기 영업이익×100(%)

3. 순이익 증가율

모든 수익과 비용을 고려한 최종 이익이 전기 대비 얼마나 증가했는지 나타낸다. 기업의 전반적인 수익성 변화를 보여준다.

- 계산식 : (당기 순이익-전기 순이익)/전기 순이익×100(%)

4. 총자산 증가율

기업이 보유한 총자산 규모가 전기 대비 얼마나 증가했는지 보여준다. 이는 사업 확장, 설비 투자 등 기업 규모 변화를 나타낸다.

- 계산식 : (당기 총자산-전기 총자산)/전기 총자산×100(%)

5. 유형자산 증가율

토지, 건물, 설비 등 기업의 생산 활동에 사용되는 유형 자산 규모가 전기 대비 얼마나 증가했는지 나타낸다. 설비 투자 확대를 의미한다.

- 계산식 : (당기 유형자산-전기 유형자산)/전기 유형자산×100(%)

6. 자기자본 증가율

주주들의 몫인 자기자본 규모가 전기 대비 얼마나 증가했는지 보여준다. 이는 기업의 재무 안정성 강화 및 투자 여력 확대를 의미할 수 있다.

- 계산식 : (당기 자기자본-전기 자기자본)/전기 자기자본×100(%)

PART 3

가치평가와 가치전략

 # 비즈니스 가치평가

거래와 투자의 시작은 가격과 가치를 아는 것부터 시작이다. 그 가격과 가치의 차이에 따라 경제가 돌아가는 방식이 되기도 한다. 가격은 사고파는 것들의 가치를 금액으로 나타낸 것이다. 어떤 물건이 가치에 비해 가격이 저렴하다고 생각하게 되면 사려는 수요가 늘어나게 된다. 반대로 가치 대비 가격이 비싸다고 느끼면 수요는 점차 감소하게 된다. 이것이 시장의 원리다.

시장에서 공급량이 고정된 상황에서 수요량이 증가하게 되면 가격이 상승한다. 반대로 공급량이 그대로인데, 수요량이 줄어든다면 가격은 하락하게 된다. 투자 시장에서의 가격도 이와 유사하다고 볼 수 있다.

예를 들어, 시장에서 거래되는 주가를 보면, 사려는 사람이 많으면 주가는 상승하게 되고, 반대로 주식을 팔려는 사람이 많아지면 주가는 하락하게 된다. 이는 주식이 상장되어 공개 시장에서 거래되는 경우다. 그렇다면 아직 상장되지 않은 비상장주식이나 스타트업 또는 스몰비즈니스의 가격이나 가치는 어떨까?

가격은 현재의 시장 상황을 반영하는 실제 거래 금액을 의미하고, 가치는 어떤 물건이 가지고 있는 쓸모다. 가치는 잠재적 가능성을 고려한 개념이다. 가격은 눈에 보이는 숫자이지만, 가치는 한눈에 확인하기는 힘든 개념이다. 가격은 과거의 값이지만, 가치는 장래 기대 편익을 환원한 현재값이다.

비즈니스 가치평가는 특정 기업이나 사업의 가치를 평가하는 과정으로, 투자자, 경영자, 금융기관 등 다양한 이해관계자들이 의사결정을 내릴 때 중요한 정보를 제공한다. 비즈니스 가치평가는 여러 가지 방법으로 수행될 수 있으며, 기업의 재무 상태, 성장 가능성, 리스크 등을 종합적으로 고려해 결정된다. 일반적인 가치평가방법에는 다음과 같은 것들이 있다.

1. 시장 접근법(Market Approach)

유사한 기업들의 시장 가치를 비교해 평가하는 방법이다. 주로 주식시장에서 거래되는 기업들의 데이터를 기반으로 가치를 추정하게 된다. 주로 시가총액, EV/EBITDA, P/E 비율 등의 지표를 사용한다.

- 예 : 같은 산업 내 상장된 기업들의 거래가격을 참고해, 비상장 기업의 가치를 추정

2. 수익 접근법(Income Approach)

기업의 미래 수익을 기반으로 가치를 평가하는 방법이다. 대표적인 방식으로는 할인된 현금흐름(DCF, Discounted Cash Flow) 분석이 있다. 미래 예상 현금흐름을 현재 가치로 할인해 기업 가치를 도출하게 된다.

- 예 : 기업이 미래에 창출할 것으로 예상되는 수익을 할인율을 적용해 현재 가치를 계산

3. 자산 접근법(Asset Approach)

기업이 보유한 자산과 부채를 기준으로 가치를 평가하는 방법이다. 주로 자산의 장부 가치나 시장 가치를 기반으로 평가하며, 부채를 차감한 순자산 가치를 계산한다.

- 예 : 회사가 보유한 부동산, 기계 장비, 특허 등의 자산 가치에서 부채를 차감해 기업의 순자산 가치를 추정

비즈니스 가치전략

비즈니스 가치전략은 기업이 고객에게 제공하는 가치를 명확히 정의하고, 그 가치를 창출, 전달, 포착하기 위한 일련의 계획과 행동을 의미한다. 이는 기업의 지속 가능한 경쟁 우위를 확보하고 장기적인 성공을 달성하는 데 핵심적인 역할을 한다.

1. 비즈니스 가치의 주요 요소

① 고객 가치(Customer Value) : 고객이 제품이나 서비스를 통해 얻는 효용, 혜택, 만족 등을 의미한다. 이는 기능적 가치, 감성적 가치, 사회적 가치 등 다양한 형태로 나타날 수 있다.

② 기업 가치(Business Value) : 기업이 경영 활동을 통해 창출하는 경제적 가치, 즉 수익성, 성장성, 효율성 등을 의미한다.

③ 사회적 가치(Social Value) : 기업 활동이 사회 전체에 미치는 긍정적인 영향, 예를 들어 환경 보호, 사회 공헌, 윤리 경영 등을 의미한다.

2. 비즈니스 가치전략 수립의 중요성

① 경쟁 우위 확보 : 명확한 가치 제안은 경쟁사와 차별화되어 고객의

선택을 받고 경쟁 우위를 확보하는 데 도움이 된다.
② 고객 만족도 향상 : 고객의 니즈와 기대를 충족하는 가치를 제공함으로써 고객 만족도와 충성도를 높일 수 있다.
③ 수익성 증대 : 고객에게 매력적인 가치를 제공하고 이를 효과적으로 포착함으로써 수익성을 향상시킬 수 있다.
④ 지속 가능한 성장 : 장기적인 관점에서 고객, 기업, 사회의 가치를 균형 있게 창출함으로써 지속 가능한 성장을 도모할 수 있다.
⑤ 의사결정의 기준 : 비즈니스 가치전략은 기업의 모든 의사결정에 대한 중요한 기준을 제시할 수 있다.

3. 비즈니스 가치전략 유형

① 비용 우위 전략(Cost Leadership) : 경쟁사보다 낮은 비용으로 유사한 제품이나 서비스를 제공해 가격 경쟁력을 확보하는 전략
② 차별화 전략(Differentiation) : 독특하고 차별화된 제품이나 서비스를 제공해 고객에게 높은 가치를 제공하고 프리미엄 가격을 책정하는 전략
③ 집중화 전략(Focus Strategy) : 특정 고객 세분 시장, 제품 라인 또는 지리적 시장에 집중해 경쟁 우위를 확보하는 전략
④ 가치 혁신 전략(Value Innovation) : 기존의 경쟁 구도에서 벗어나 고객과 기업 모두에게 더 큰 가치를 제공하는 새로운 시장을 창출하는 전략

4. 비즈니스 가치전략 수립 프로세스

① 가치 정의 : 기업이 제공하고자 하는 가치를 명확하게 정의한다. 고객의 니즈, 경쟁 환경, 기업의 강점 등을 종합적으로 고려해야 한다.

② 가치 창출 : 정의된 가치를 실제로 만들어내기 위한 활동들을 계획하고 실행한다. 이는 제품 개발, 서비스 개선, 운영 효율성 증대 등을 포함할 수 있다.
③ 가치 전달 : 창출된 가치를 고객에게 효과적으로 전달하기 위한 방법을 모색한다. 마케팅, 유통, 고객 서비스 등이 중요한 요소다.
④ 가치 포착 : 고객에게 제공한 가치에 대한 대가를 확보하는 방법을 결정한다. 가격 전략, 수익 모델 등이 이에 해당한다.
⑤ 가치평가 및 개선 : 주기적으로 가치전략의 효과를 평가하고, 변화하는 환경에 맞춰 전략을 지속적으로 개선한다.

밸류에이션 방법 및 할인율

밸류에이션은 기업, 자산, 또는 투자 대상의 경제적 가치를 평가하는 과정을 의미한다. 다양한 방법론이 존재하지만 그중에서도 할인율(Discount Rate)은 미래에 발생할 것으로 예상되는 현금흐름을 현재 가치로 환산하는 데 핵심적인 역할을 한다. 대표적인 밸류에이션 방법들은 다음과 같다.

1. 상대적 평가방법

(1) PER
- 주당 수익력의 멀티플 비교
- 주식 시장에서 판단지표로서 가장 널리 사용
- 객관적으로 이해하기 쉬움.
- 장점 : 개념이 명확하고 계산이 용이
- 단점 : 주가가 순이익에만 영향을 받는다는 단순한 가정 때문에 기타요소들이 배제될 수 있음.

(2) EV/EBITDA
- 순현금을 제외한 영업가치의 멀티플 비교
- 영업활동으로 인한 현금흐름을 강조
- 전체 기업성과를 바탕으로 해서 자본비율에 따른 기업 간 차이분석에 효과적
- 장점 : 객관적 평가가 가능하고 자본 시장의 수요와 공급에 의한 가격정보 제공 가능
- 단점 : 시장의 효율성이 결여될 경우 왜곡되기 쉬움.

(3) PBR
- 주당 순자산 가치(장부 가치) 비교
- 미래 가치보다는 역사적 가치를 중요시
- 금융기관 평가나 장치산업에 주로 사용
- 장점 : 일관성 있는 회계원칙을 사용할 경우 기업의 가치평가에 유용
- 단점 : 회계원칙이 상이한 기업에는 적용하기 어려움.

2. 절대적 평가방법
(1) DCF
- 향후 5~10년간의 영업현금흐름을 추정해 가중평균
- 가중평균자본비용(WACC)으로 할인한 현재 가치로 기업 가치를 평가하는 방법
- 가격에 영향을 주는 변수들의 검증 가능성이 낮아 국내 IPO 평가 방법으로는 거의 사용되지 못함.
- 장점 : 이론적으로 가장 우수

- 단점 : 재무자료, 자본비용, 성장률에 대한 추정으로 객관성이 부족하고, 평가 과정이 복잡해 검증가능성이 낮음.

(2) 본질 가치
- 주당 순자산가치와 주당 수익가치를 각각 1:1.5로 가중평균해 산정하는 방법
- 과거 증권 인수업무 등에 관한 규정상의 평가 방식
- 합병비율, 상증세법 평가 및 유사회사 부재 시 사용
- 수익가치를 할인하기 위한 자본환원율은 회사가 상환해야 할 모든 차입금의 가중평균이자율의 1.5배와 기획재정부장관이 정해 고시하는 이율 중 높은 이율을 적용

(자료 출처 : KRX)

현금흐름할인법 DCF

이론적으로 가장 우수한 방법이라 평가되는 밸류에이션은 DCF(Discounted Cash Flow, 현금흐름할인법)다. 이것은 기업이 창출한 미래의 현금흐름을 추정하고 해당 현금흐름에 기업과 시장의 위험요소, 주주의 자본비용, 차입금 금융비용 등을 고려해 현재 가치로 평가해 기업 가치를 산정하는 방식이다. 다양한 추정이 개입되는 밸류에이션이기 때문에 상대가치평가 멀티플 방식보다 덜 사용되지만 여러 상황에서 다양한 목적으로 활용된다.

우선 멀티플로 산정된 상대평가 기업 가치가 얼마나 합리적인지 검증하는 도구로도 활용되고, 현재 기업 구조보다 미래 성장 이후 기업 가치를 산정하는 것이 합리적일 때도 자주 사용된다. 예를 들어 잠재 인수자가 해당 기업을 인수해 공격적인 확장 전략을 펼친다고 해보자. 이때는 회사가 당장 벌어들이는 현금흐름보다 확장 이후의 현금흐름이 더 중요하기 때문에 종종 DCF 방식을 적용한다. 이렇듯 DCF는 SI 투자자들이 시너지 창출 효과까지 고려해 기업 가치를 평가할 때 자주 활용하곤 한다. DCF를 이론적으로 설명하기 위해서는 미래 현금흐름 분석부터 할인율과 리스크 프리미엄(위험을 감수한 대가로 얻는 보상)까지 전문적인 내용을 다루어야 하므로 여기서는 이 정도만 알아두어도 충분하다. 핵심은 미래의 현금흐름을 추정해 이를 현재 가치평가에 활용한다는 것이다.

물론 이런 밸류에이션은 전문가 자문을 받아야 구체적인 범위를 산정할 수 있다. 특히 딜 시장에서 오가는 밸류에이션은 나름의 정답이 존재하는 세법 방식 평가처럼 간단하지 않기 때문에 꽤 많은 시간과 자원이 소모된다.

M&A 현장에서는 상대 가치평가 방식이 더 많이 사용되고 투자 시장에서는 상대 가치와 DCF를 적절히 혼용하는 편이다. 가치평가가 어려운 영역의 회사(예컨대 너무 초기 회사거나 사업모델이 독특한 회사)는 DCF를 활용하는 경우가 많지만, 세상에 존재하는 거의 모든 회사는 비교군이나 유사 사례가 있다. 국내에 없다면 해외에서 충분히 찾을 수 있다.

다만 단순히 유사 업종이라고 동일한 멀티플을 그대로 적용하면 설득력이 떨어진다. 즉 유사 업종이나 비슷한 사업모델을 영위하는 밸류에이션 멀티플 사례를 분석하되 회사마다 나름의 이유를 잘 찾아내는 것이 중요하다. 물론 그 이유는 회사의 강점이나 약점 같은 내부 요인일 수도 있고 거시경제 같은 외부 요인일 수도 있다.

부동산도 인테리어를 제대로 한 매물이 더 비싸듯이 기업도 특별히 더 비싸거나 싼 이유를 명확하게 찾아낼 수 있어야 한다. 같은 업종이라고 하더라도 어떤 기업의 멀티플은 20이고 다른 기업은 5일 때가 있다. 그 핵심 이유는 무엇이며 그 안에서 우리 기업은 어떤 멀티플을 적용해야 합리적일지, 더 나아가 자사의 멀티플을 어떻게 확장할 수 있는지를 종합적으로 이해할 수 있어야 한다.

# 가치평가, 감정평가, 신용평가

가치평가, 감정평가, 신용평가는 모두 특정 자산이나 기업, 또는 개인의 경제적 가치를 평가하는 방법이다. 각각은 평가의 목적과 기준이 다르기 때문에, 각 평가에 대한 목적에 따라 다음과 같은 개념에 대한 이해가 필요하다.

1. 가치평가(Valuation)

가치평가는 자산, 기업, 또는 프로젝트의 경제적 가치를 결정하는 과정이다. 이는 다양한 평가방법을 통해 이루어지며, 시장 가치, 수익 가치, 자산 가치 등을 기준으로 자산이나 기업의 가치를 정량적으로 산출한다. 이는 기업 인수합병(M&A), 투자, 세금 신고, 상장 등 다양한 상황에서 자산의 정확한 가치를 평가하기 위해 사용된다.

① **시장 접근법** : 시장에서 거래되는 유사 자산의 가격을 기준으로 평가
② **수익 접근법** : 자산이 창출할 수 있는 미래의 현금흐름을 기반으로 평가
③ **자산 접근법** : 자산의 실제 가치를 기준으로 평가(예 : 부동산, 기계장비 등)

2. 감정평가(Appraisal)

감정평가는 주로 부동산, 예술품, 고급 자산 등의 실제 시장 가격을 평가하는 절차다. 감정평가는 보통 전문가나 공인 감정사가 자산의 상태, 시장 동향, 법적 사항 등을 고려해 주관적인 판단을 바탕으로 가치를 산정한다. 주로 부동산의 거래, 담보 대출, 상속세, 보험금 산정 등에서 자산의 가치를 확인하고 법적, 세무적 요구사항을 충족시키기 위해 사용된다.

① 비교법 : 유사한 자산과 비교해 가치를 평가
② 원가법 : 자산을 새로 만드는 데 드는 비용을 기준으로 가치를 평가
③ 수익법 : 자산이 발생할 수 있는 수익을 기준으로 가치를 평가

3. 신용평가(Credit Rating)

신용평가는 개인이나 기업, 정부 등이 상환할 수 있는 능력과 의지를 평가하는 과정이다. 신용평가는 보통 금융기관이나 신용평가 기관에서 이루어지며, 대출을 받거나 채권을 발행할 때 중요한 기준이 된다. 신용등급은 해당 개인이나 기관이 채무를 갚을 능력이 있는지를 평가한 결과로 나타난다. 주로 대출 승인, 채권 발행, 투자 결정을 내릴 때 사용되며, 특히 신용평가는 금융 시장에서 매우 중요한 요소로 작용한다.

신용평가는 상환 능력, 과거의 신용 거래 기록, 현재의 재정 상태 등을 기준으로 평가되며, AAA(가장 우수)에서 D(채무불이행) 등과 같이 다양하게 분류된다.

구분	신용평가	감정평가	가치평가
목적	개인, 기업, 정부의 상환 능력을 평가	주로 부동산, 고급 자산 등의 시장 가치를 평가	자산, 기업 등의 경제적 가치를 평가
대상	개인, 기업, 정부 등	부동산, 예술품, 고급 자산 등	자산, 기업, 프로젝트 등
주요 기준	신용 거래 기록, 상환 능력, 재정 상태 등	자산의 상태, 시장 동향, 법적 사항 등	시장 가치, 수익 가치, 자산 가치 등
평가 방법	과거 신용 이력, 재정 상태 등	비교법, 원가법, 수익법	시장 접근법, 수익 접근법, 자산 접근법

시가총액과 기업 가치

시가총액(Market Capitalization)은 상장된 회사의 전체 시장 가치를 나타내는 지표다. 이는 현재 시장에서 거래되는 주식 가격에 발행된 총주식 수를 곱해 계산한다.

- 시가총액 = 현재 주가 × 총 발행 주식 수

시가총액은 기업의 규모를 파악하는 데 사용되는 가장 일반적인 지표 중 하나이며, 투자자들이 투자 결정을 내릴 때 참고하는 중요한 지표다. 시가총액은 투자 위험과 잠재적 수익률을 가늠하는 데 도움을 줄 수 있고, 전체 시장 또는 특정 산업의 시가총액 변동을 통해 시장의 전반적인 분위기나 투자 심리를 파악할 수 있게 해준다.

기업 가치(Enterprise Value, EV)는 회사의 전체 경제적 가치를 나타내는 지표다. 이는 단순히 주식의 시장 가치뿐만 아니라, 회사가 보유한 부채, 현금 및 현금성 자산 등을 종합적으로 고려해 정해진다. 따라서 시가총액보다 회사의 실제 가치를 더 정확하게 반영할 수 있는 것으로 평가된다. 특히 M&A 상황에서 기업의 인수 가격을 결정하는 데 중요한 역할을 한다.

- 기업 가치(EV)=시가총액+총부채−현금 및 현금성자산

여기서 총부채는 회사가 갚아야 할 모든 부채(단기 차입금, 장기 차입금, 회사채 등)를 포함하며, 현금 및 현금성 자산은 회사가 즉시 사용할 수 있는 현금, 예금, 단기 금융 상품 등을 포함한다. 부채를 상환하는 데 사용될 수 있으므로 기업 가치에서 차감한다.

기업 가치는 회사의 실제 가치로 볼 수 있으며, 채권자의 몫까지 포함한 회사의 총가치를 보여주므로, 자본의 구조에 상관없이 기업 간의 비교를 용이하게 해준다. M&A 의사결정에 있어서 인수자가 실제로 부담해야 할 금액을 파악하는 데 중요한 지표로 활용된다. 인수자는 회사의 부채를 떠안고 현금을 확보하는 효과를 고려해 인수 가격을 결정하게 되며, 투자자는 기업 가치를 통해 회사의 자본구조와 재무 건전성을 더 깊이 있게 분석할 수 있다.

구분	시가총액(Market Capitalization)	기업 가치(Enterprise Value, EV)
계산대상	주식의 시장 가치	주식의 시장 가치+순부채 (총부채−현금)
반영요소	주가, 발행 주식 수	주가, 발행 주식 수, 부채, 현금
주요 관점	주주의 관점에서의 회사 가치	회사 전체의 경제적 가치 (주주+채권자)
활용	기업 규모 비교, 투자 지표, 시장 동향 파악	회사 간 가치 비교, 재무건정성 분석

 # 내부통제와 기업 가치평가

내부통제와 기업 가치평가는 서로 밀접하게 연결되어 있다. 내부통제가 잘 갖춰진 기업일수록 기업 가치평가에서 다음과 같은 이유로 높은 평가를 받을 수 있다.

1. 재무 신뢰성의 확보

① 정확한 재무 보고 : 내부통제 시스템이 효과적으로 작동하면, 기업의 재무 보고가 신뢰할 수 있는 수준이 된다. 이는 기업 가치평가에서 중요한 요소로, 외부 투자자나 평가자가 기업의 가치를 정확하게 평가할 수 있도록 도와준다.

② 위험 관리 : 내부통제를 통해 기업의 리스크가 적절히 관리되면, 이는 기업 가치에 긍정적인 영향을 미친다. 위험이 잘 관리된 기업은 더 높은 가치평가를 받을 수 있다.

2. 기업의 안정성

① 운영 효율성 : 내부통제가 잘 작동하는 기업은 운영 효율성이 높아지고, 이는 더 높은 수익성과 안정성을 의미한다. 기업 가치평가에

서 안정적인 수익 모델과 효율적인 운영은 중요한 평가 요소다.
② 법적 준수 : 법적 요구사항을 준수하는 기업은 법적 리스크가 적고, 이는 투자자들에게 매력적인 요소로 작용한다. 내부통제가 잘 되어 있는 기업은 규제 및 법적 위험을 잘 관리해 기업 가치를 높일 수 있다.

3. 기업의 성장 가능성

내부통제를 통해 기업이 지속 가능하고 효율적으로 운영되면, 이는 기업의 장기적인 성장 가능성을 높인다. 기업 가치평가에서 미래 성장 가능성은 중요한 평가 요소로, 내부통제의 강점은 이 부분에서도 중요한 역할을 한다.

4. 기업의 신뢰도 및 투명성

① 투명한 정보 제공 : 내부통제를 통해 기업은 정확하고 투명한 정보를 제공한다. 이는 기업의 신뢰성을 높이며, 투자자나 평가자가 기업의 가치를 평가할 때 긍정적인 영향을 미친다.
② 외부 감사 : 기업이 강력한 내부통제 시스템을 운영하면 외부 감사인에게도 긍정적인 평가를 받을 수 있으며, 이는 기업의 전반적인 신뢰도를 높여 기업 가치평가에서 좋은 결과를 얻는 데 도움이 된다.

 **멀티플의 원리**

멀티플(Multiple)은 기업의 가치를 평가하는 데 사용되는 중요한 지표 중 하나로, 기업의 시장 가치 또는 기업 가치(Enterprise Value)를 특정 재무 수치(예 : 매출액, 순이익, EBITDA 등)로 나눈 값이다.

멀티플에 의한 가치평가는 유사 기업 선정의 어려움, 회계 기준 차이, 미래 전망 미반영 등으로 인해 정확성이 떨어질 수 있으며, 개별 기업의 고유한 강점, 약점, 경영능력 등을 충분히 반영하지 못할 수도 있다. 또한 시장이 비효율적일 경우, 과대 또는 과소 평가된 기업을 기준으로 삼을 수 있고, 재무 수치 외의 질적인 요소(경영진, 브랜드 가치, 기술력 등)를 반영하기 어려운 단점을 가지고 있기도 하다.

하지만 복잡한 분석 없이 상대적으로 쉽고 빠르게 가치를 추정할 수 있으며, 실제 시장에서 거래되는 유사 기업들의 가치를 반영하므로 현실적인 평가가 가능하다. 따라서 투자자들이 흔히 사용하는 지표이므로 이해하기 쉽고 설득력이 있으며, 여러 기업을 비교해 상대적인 가치를 판단하는 데 유용하다. 그래서 멀티플 가치평가는 여러 용도로 다양하고 유용하게 활용되고 있는 대표적인 가치평가 방법이며, 멀티플을 활용한 가치평가의 기본 원리는 다음과 같이 설명될 수 있다.

1. 유사 기업 선정(Comparable Company Analysis)

사업 모델, 산업, 성장률, 수익성, 위험 수준 등이 유사한 상장 기업들을 선정한다. 비상장 기업의 경우, 유사한 거래 사례(Precedent Transaction Analysis)를 참고할 수 있다.

2. 멀티플 계산

선정된 유사 기업들의 시장 가치 또는 기업 가치를 관련 재무 수치로 나누어 다양한 멀티플을 계산한다.

- 주가수익비율(PER) : 주가를 주당순이익(EPS)으로 나눈 값(시가총액/당기순이익)
- 주가순자산비율(PBR) : 주가를 주당순자산(BPS)으로 나눈 값(시가총액/순자산)
- EV/매출액(EV/Sales) : 기업 가치를 매출액으로 나눈 값
- EV/EBITDA : 기업 가치를 세전, 이자 지급 전 감가상각전이익(EBITDA)으로 나눈 값
- EV/EBIT : 기업 가치를 세전, 이자 지급 전 이익(EBIT)으로 나눈 값

3. 평균 또는 중간값 산출

유사 기업들의 멀티플 값의 평균이나 중간값을 산출한다.

4. 대상 기업 가치평가

산출된 평균 또는 중간값 멀티플에 대상 기업의 해당 재무 수치를 곱해 기업 가치를 추정한다. 예를 들어, A라는 비상장 기업의 가치를 평가한다고 가정한다면, 유사한 상장 기업들의 평균 PER이 15배이고, A 기

업의 예상 순이익이 100억 원이라면, 멀티플 방식을 통해 A 기업의 시가 총액을 1,500억 원(15배×100억 원)으로 추정할 수 있다.

5. 유사 기업 선정의 중요성

가치평가의 정확성은 얼마나 유사한 기업들을 선정했는지에 크게 좌우된다. 완벽하게 동일한 기업은 존재하지 않으므로, 사업 모델, 재무 상태, 성장 잠재력 등의 유사성을 신중하게 고려해야 한다.

6. 회계 기준 및 정책 차이

유사 기업 간 회계 기준이나 정책의 차이가 있을 수 있으므로, 이를 조정해 비교해야 할 수 있다.

7. 자본 구조 차이

PER과 같은 주가 기반 멀티플은 자본 구조에 영향을 받지만, EV 기반 멀티플은 자본 구조의 영향을 덜 받는다. 따라서 평가 대상 기업과 유사 기업의 자본 구조 차이를 고려해 적절한 멀티플을 선택해야 한다.

8. 비경상적인 항목

일회성 수익이나 비용 등 비경상적인 항목은 멀티플 계산 시 제외하거나 조정해야 한다.

9. 미래 성장 전망

과거 실적 기반 멀티플은 미래 성장 잠재력을 반영하지 못할 수 있다. 따라서 미래 성장 전망을 고려해 멀티플을 조정하거나, 미래 예상 실적 기반의 멀티플을 활용할 수도 있다.

10. 시장 상황 및 투자 심리

시장 전체의 분위기나 투자 심리에 따라 멀티플 수준이 변동될 수 있다.

 **레퍼런스 체크**

기업 투자 레퍼런스 체크(Reference Check)는 투자자나 벤처캐피탈이 스타트업이나 기존 기업에 투자하기 전에 창업자나 경영진, 비즈니스 모델, 시장 경쟁력, 그리고 과거의 실적 등을 면밀히 검토하는 과정이다. 이 과정은 투자 결정이 올바른지를 판단하는 데 중요한 역할을 하며, 투자 리스크를 최소화하고 기업의 잠재력을 정확하게 평가할 수 있도록 도와준다.

투자자는 레퍼런스 체크를 통해 기업의 리스크를 식별하고, 투자가 잘못될 가능성을 줄인다. 창업자나 경영진의 평판, 비즈니스 모델의 실효성, 과거 실적 등을 확인함으로써 불확실성을 줄이고 리스크를 최소화할 수 있다. 철저한 레퍼런스 체크는 기업이 신뢰할 수 있는 파트너임을 증명하는 중요한 과정이며, 투자자들은 레퍼런스를 통해 기업이 실제로 약속을 이행하고, 시장에서 신뢰를 얻고 있다는 점을 확인할 수 있는 것이다.

레퍼런스 체크는 다음과 같은 다양한 항목을 통해 이루어진다.

1. 창업자 및 경영진 레퍼런스 체크

① 이전 경력 : 투자자는 창업자 및 경영진이 이전의 직장이나 기업에서 어떤 역할을 했는지 확인한다. 과거의 실적, 리더십 경험, 산업 내 평판 등을 통해 기업의 리더가 신뢰할 수 있는지 평가한다.

② 추천인 : 창업자나 경영진이 제공하는 추천인 리스트(전 동료, 상사, 파트너 등)에서 구체적인 경험과 성과에 대해 질문해서, 신뢰성과 업무 능력을 평가한다.

③ 팀워크와 리더십 : 투자자는 창업자와 경영진의 리더십 스타일과 팀워크 능력을 평가한다. 팀을 잘 이끌 수 있는지, 위기 상황에서 어떻게 반응하는지 등이 중요한 판단 요소다.

2. 비즈니스 모델 및 시장 검증

① 시장 수요와 경쟁력 : 비즈니스 모델이 시장 내 경쟁력을 가지고 있는지 검토한다. 실제 시장에서의 수요와 성장 가능성, 경쟁 우위 요소를 분석하며, 이를 통해 기업이 장기적으로 성장할 가능성이 있는지 파악한다.

② 고객 피드백 : 기업의 고객 또는 고객의 피드백을 통해 사업 모델의 실효성을 점검한다. 고객들이 해당 제품이나 서비스에 대해 어떤 반응을 보였는지, 고객 만족도나 고객 충성도를 확인하는 것이 중요하다.

③ 실제 성과 : 과거의 매출 성장이나 시장 점유율 확대와 같은 구체적인 성과를 레퍼런스로 확인한다. 기업이 예상대로 성장했는지, 예측과 일치하는 결과를 도출했는지를 체크한다.

3. 법적 및 재정적 검토

① 법적 문제 : 투자자는 기업이 법적 문제나 소송에 연루된 적이 있는지 확인한다. 창업자나 경영진이 법적 책임을 지고 있는지, 또는 과거에 회사가 법적 분쟁에 연루된 사례가 있는지 점검한다.

② 재무 상태 : 기업의 재무 건전성을 점검한다. 기업의 재무제표, 현금흐름(Cash Flow), 부채 비율 등을 면밀히 분석해, 기업이 재정적으로 안정적인지, 재정 관리가 제대로 이루어졌는지 확인한다.

4. 과거 투자자 및 파트너 피드백

① 과거 투자자와의 관계 : 기존에 투자자와의 관계가 원활했는지, 투자자들이 어떻게 기업과 협력했는지 확인한다. 이전 투자자들이 이 회사를 어떻게 평가하는지, 기업이 투자자들과의 협업에서 어떻게 행동했는지 살펴본다.

② 파트너십 : 기업이 다른 기업이나 파트너와의 관계에서 어떻게 협력해왔는지, 파트너 피드백을 통해 경영 스타일, 신뢰성, 계약 이행 등을 평가한다.

5. 기업 문화 및 조직 관리

① 조직 문화 : 기업의 조직 문화가 건강하고 생산적인지 확인한다. 기업이 팀워크와 커뮤니케이션, 직원들의 동기 부여 및 기업 내 긍정적인 환경을 유지하는지 점검한다.

② 인재 유치 및 유지 : 창업자와 경영진이 인재를 어떻게 유치하고 유지하는지 확인한다. 인사 정책이나 급여 구조, 직원 복지 등이 중요한 평가 요소가 될 수 있다.

6. 기술력 및 혁신성

① 기술력 : 특히 기술 기반 기업에서는 기업이 보유한 기술이 얼마나 혁신적이고, 시장에서 경쟁 우위를 차지할 수 있는지를 평가한다. 이를 위해 관련 분야의 전문가들이 기업의 기술적 경쟁력을 분석하고, 기업의 특허나 기술적 성과를 확인할 수 있다.

② 혁신성 : 기업이 혁신적인 비즈니스 모델을 가지고 있거나, 기술적 장점을 보유하고 있는지 확인한다. 투자자는 기업이 기술 발전이나 시장 변화에 어떻게 대응하는지에 주목한다.

7. 비즈니스 성과 지표 및 KPI

① 핵심 성과 지표(KPI) : 기업의 비즈니스 성과를 측정하는 데 중요한 핵심 성과 지표(KPI)를 확인한다. 예를 들어, 고객 획득 비용(CAC), 고객 생애 가치(LTV), 매출 성장률, 순이익률 등을 참고해 기업의 실제 성과와 앞으로의 가능성을 예측한다.

② 시장 점유율 : 기업이 시장 내 위치를 점검하고, 얼마나 시장 점유율을 확대했는지를 평가한다.

8. 경쟁사 분석

경쟁사와 비교 : 기업이 경쟁사들에 비해 어떤 경쟁력을 가지고 있는지 분석한다. 경쟁사와 비교해 기업이 어떤 차별화된 강점을 가지고 있는지, 시장 내 경쟁 우위를 평가하는 것이 중요하다.

LP와 GP

LP(limited partner)는 사모펀드(PEF)에 자금을 위탁하는 투자자를 말한다. 투자한 금액만큼 책임을 진다고 해서 유한책임사원이라고도 부른다. 사모펀드 운용사(GP)가 투자 펀드를 조성할 때 해당 펀드에 자금을 출자하는 연기금, 공제회, 금융기관이 주요 LP다.

GP(General Partner)는 업무집행조합원이라고 부르는데, 이는 개인 투자조합(사모펀드, PEF)의 재산을 관리하고, 직접 투자를 집행하는 조합원으로서, 조합의 대표와 같은 직책이라 할 수 있다. GP는 조합의 투자 의사결정을 직접 내리는 만큼 투자 결과에 대해 LP에 비해 더 큰 책임을 지거나, 더 큰 보상을 받게 된다. 조합의 투자뿐만 아니라 회계 및 보고 업무도 맡아서 진행한다.

일반인들이 주로 알고 있는 벤처캐피탈회사들은 대부분 사모펀드 운용사, 즉 GP일 경우가 많으며, GP에 자금을 대는 곳이 LP라고 보면 된다. 일반기업들이 펀드출자자(LP)로 참여하는 경우도 늘어나고 있는데 이는 기업들이 펀드 출자자로서 피합병 기업의 정보나 인수 과정을 상세히 들여다볼 수 있기 때문이다.

국내 벤처펀드의 주요 LP에는 다음과 같은 곳들이 있다.

1. 정책금융기관

- 모태펀드 : 한국모태펀드
- 산업은행 : 한국산업은행
- 성장금융 : 한국성장금융
- 기타 정책기관 : 정부, 지자체, 기타모펀드, 기금 등

2. 민간출자기관

- 금융기관 : 은행, 보험사, 증권사, 기타금융업(저축은행 등)
- 연금/공제회 : 국민연금, 기업연금, 관련 법령에 따른 공제회
- 벤처캐피탈 : 창투자, 신기술금융사, LLC 등 업무집행조합원
- 일반법인 : 영리목적의 법인
- 기타 단체 : 협회, 학교, 종교단체, 재단, 민간모펀드
- 개인 : 일반개인, 외국인, 외국소재 법인

할인율

가치평가에서 할인율(Discount Rate)은 미래의 현금흐름을 현재 가치로 변환하는 데 사용되는 비율이다. 주로 기업 가치평가, 투자 분석, 프로젝트 평가 등에서 중요한 역할을 한다. 할인율은 주로 위험을 반영하며, 투자의 리스크와 기대수익률을 고려해 결정된다. 할인율을 적용하면 미래의 현금흐름이 현재 시점에서 얼마나 가치 있는지 알 수 있다. 예를 들어, 1년 후 100만 원의 현금흐름이 있다면, 10%의 할인율을 적용했을 때, 그 100만 원의 현재 가치는 약 90.91만 원이 되는 것이다.

1. 할인율 고려 요소

① 위험 프리미엄 : 사업의 리스크, 산업의 불확실성, 경제 환경 등을 반영
② 기대수익률 : 투자자가 기대하는 최소한의 수익률
③ 무위험 이자율 : 보통 정부 채권과 같은 안전 자산의 수익률이 기준
④ 자본 비용 : 기업이 자금을 조달하는 비용(자기자본과 타인자본의 가중평균 비용, WACC)을 할인율로 사용

2. 할인율 계산 방법

① WACC(Weighted Average Cost of Capital, 가중평균자본비용) : 기업의 자본 구조에 맞춰 자기자본과 타인 자본의 비용을 가중 평균해 할인율을 계산한다. 이는 기업 가치평가에서 자주 사용된다.

② CAPM(Capital Asset Pricing Model) : 주식이나 기업의 리스크를 고려해 할인율을 산출하는 모델이다. 일반적으로 무위험 이자율+베타(주식의 변동성)×시장의 기대수익률-무위험 이자율로 계산된다.

3. 할인율을 사용한 가치평가

현금흐름할인법(DCF, Discounted Cash Flow)모델은 미래의 현금흐름에 할인율을 적용해 현재 가치로 환산하고, 이를 통해 기업의 가치를 평가하는 방법이다. 현재 가치(NPV, Net Present Value)는 특정 프로젝트나 투자안의 수익성을 평가하는 데 사용되는데, 할인율을 적용해 미래 현금흐름을 현재 가치로 계산한 후, 그 총합에서 초기 투자 비용을 차감해 계산한다.

예를 들어, 1년 후에 100만 원이 들어올 예상이 있고, 할인율이 10%일 경우에는 '현재 가치=100만 원(1+0.10)=90.91만 원'이 된다.

할인율은 리스크와 수익률을 반영하는 중요한 요소로, 가치평가에서 적절한 할인율을 선택하는 것이 매우 중요하다. 너무 낮은 할인율을 사용하면 위험을 과소평가할 수 있고, 너무 높은 할인율을 사용하면 미래 수익이 지나치게 낮게 평가될 수 있다.

할인율, 기대수익률, 자본비용

할인율, 기대수익률, 자본비용은 서로 밀접하게 관련된 개념이며, 특히 가치평가에서 핵심적인 역할을 한다. 이 세 가지 용어는 관점의 차이만 있을 뿐, 경제적 의미는 유사하게 해석될 수 있다.

할인율은 주로 자산 평가자의 관점에서 미래 현금흐름을 현재 가치로 환산하는 데 사용되는 반면, 기대수익률은 투자자의 관점에서 투자에 대한 예상 수익을 나타낸다. 그리고 자본비용은 자금조달 주체(기업)의 관점에서 자금 사용에 대한 대가를 의미한다. 합리적인 시장에서는 투자자가 특정 자산에 투자할 때 요구하는 기대수익률은 그 자산의 위험을 반영한 할인율과 유사한 수준으로 수렴하게 되며, 기업이 투자 자금을 조달하는 데 드는 자본비용은 투자자들이 해당 기업에 투자할 때 기대하는 최소한의 수익률과 연결된다.

1. 할인율(Discount Rate)

① 의미 : 미래에 발생할 현금흐름의 현재 가치를 계산하기 위해 적용하는 이자율이다. 시간 가치 개념에 따라 미래의 돈은 현재의 돈보다 가치가 낮기 때문에, 미래 현금흐름을 현재 시점으로 환산할 때

사용된다.

② 결정 요인 : 할인율은 투자에 내재된 위험 수준을 반영한다. 위험이 높을수록 투자자가 요구하는 수익률이 높아지므로 할인율도 상승한다. 또한, 시장의 전반적인 이자율 수준도 할인율에 영향을 미친다.

③ 가치평가에서의 역할 : 미래 현금흐름을 할인율로 할인해 현재 가치를 산정하는 현금흐름 할인(DCF) 모형의 핵심 요소다. 할인율이 높을수록 현재 가치는 낮아지고, 할인율이 낮을수록 현재 가치는 높아진다.

2. 기대수익률(Expected Rate of Return)

① 의미 : 투자자가 특정 자산에 투자했을 때 예상하는 미래 수익률이다. 이는 과거 수익률, 시장 상황 분석, 경제 전망 등 다양한 요인을 종합적으로 고려해 추정된다.

② 결정 요인 : 투자 대상의 위험, 시장의 전반적인 수익률 수준, 투자자의 투자 목표 및 위험 감수 성향 등에 따라 달라진다. 일반적으로 위험이 큰 투자일수록 더 높은 기대수익률을 요구하게 된다.

③ 가치평가에서의 역할 : 투자자가 특정 자산에 대해 생각하는 주관적인 가치 판단의 기준이 된다. 기대수익률이 높다면 현재 지불할 의사가 있는 금액이 낮아질 수 있다.

3. 자본비용(Cost of Capital)

① 의미 : 기업이 자금을 조달하는 데 드는 비용을 의미한다. 이는 부채(채권 발행, 은행 대출 등)에 대한 이자 비용과 자기자본(주식 발행, 유보이익 등)에 대한 주주들의 기대수익률을 포함한다.

② 결정 요인 : 기업의 신용도, 부채 수준, 자본 구조, 시장 이자율, 주식 시장 상황 등 다양한 요인에 의해 결정된다.

③ 가치평가에서의 역할 : 기업 전체의 가치를 평가할 때, 미래의 자유 현금흐름(Free Cash Flow)을 할인하는 데 사용되는 할인율로 활용된다. 이때 사용되는 자본비용은 부채비용과 자기자본비용을 가중평균한 가중평균자본비용(WACC, Weighted Average Cost of Capital)이다. WACC는 기업이 자본을 조달해 투자했을 때 최소한으로 벌어야 하는 수익률을 의미하기도 한다.

 # 상환권과 전환권

상환권(Redemption Right)은 주주가 회사에 대해 자신이 보유한 주식을 일정한 조건에 따라 현금으로 상환해줄 것을 청구할 수 있는 권리다. 주로 상환우선주와 같은 종류 주식에 부여된다.

투자자는 상환권을 통해 투자 원금 및 약정된 이자를 회수할 수 있다. 이는 채권과 유사한 성격을 갖게 한다. 상환 가격, 상환 기간, 상환 방법 등 구체적인 조건은 정관이나 주주 간 계약 등에 명시되며, 회사는 배당가능이익 범위 내에서만 상환 의무를 지게 된다. 따라서 회사의 재무 상태가 좋지 않으면 상환이 지연되거나 불가능할 수 있다. 이는 채권과 다른 중요한 차이점이다.

상환권은 주주에게만 부여되는 경우가 일반적이지만, 정관에 따라 회사도 상환권을 가질 수 있으며, 상환이 이루어지면 해당 주식은 소각되어 발행 주식 수가 감소하게 된다.

전환권(Conversion Right)은 주주가 자신이 보유한 주식(주로 전환우선주나 전환사채)을 일정 조건에 따라 회사의 다른 종류의 주식(주로 보통주)으로 전환할 수 있는 권리다.

전환권 행사를 통해 우선주나 사채권자에서 보통주주로 지위가 변경되며, 이는 회사의 경영 참여권 및 잔여재산 분배 청구권 등을 갖게 됨을 의미한다. 전환 비율(예 : 우선주 1주당 보통주 몇 주), 전환 가격, 전환 청구 기간 등 구체적인 조건은 발행 시 결정된다. 전환가격은 고정될 수도 있고, 시장 상황에 따라 조정될 수도 있다. 전환권이 행사되면 회사의 자본금이 증가하게 되며, 주가가 상승할 경우 전환권을 행사해 더 많은 보통주를 확보함으로써 시세 차익을 얻을 수 있다. 따라서 회사는 자금조달을 용이하게 하거나 재무구조를 개선하기 위해 전환권이 부여된 증권을 발행하기도 한다.

구분	상환권(Redeemable)	전환권(Convertible)
권리행사 결과	보유 주식을 현금으로 상환받아 투자금을 회수	보유 증권을 회사의 다른 종류의 주식으로 전환해 주주가 됨.
주요 목적	투자금 회수 및 안정적인 수익 추구(채권 유사)	주주의 지위 확보 및 자본 이득 추구(주식 투자)
대상증권	주로 상환우선주	주로 전환우선주, 전환사채
상환재원	회사의 배당가능이익	해당 없음(주식으로 전환).
회사자본 변동	상환 시 발행주식수 감소	전환 시 자본금 증가
행사	회사의 배당가능이익 범위 내	기반 및 비율 명시

가치평가 없는 투자 SAFE

SAFE(Simple Agreement for Future Equity)는 투자는 초기 단계의 스타트업에 투자할 때, 현재 시점에서 기업 가치를 평가하고 지분을 확정하는 대신, 미래의 특정 조건 발생 시 투자자의 지분을 확정하는 방식의 투자 계약이다. 이는 복잡한 가치평가 없이 신속하게 투자를 유치하고 진행할 수 있도록 고안되었다. 한국에서는 조건부 지분 인수계약이라고도 불린다.

1. SAFE 투자의 핵심 개념

① 미래 지분 확보 권리 : 투자자는 현재 투자금을 지급하지만 당장 주식을 받는 것이 아니라 미래에 회사가 후속 투자를 유치하거나 특정 이벤트(예 : IPO, M&A)가 발생했을 때, 미리 정해진 조건에 따라 지분을 확보할 수 있는 권리를 갖게 된다.

② 기업 가치평가 유보 : 초기 단계 스타트업의 경우, 정확한 기업 가치를 평가하기 어렵기 때문에 이 단계를 건너뛰고 미래의 가치평가에 연동해 지분을 결정한다.

③ 간단한 계약 구조 : 기존의 복잡한 투자 계약에 비해 계약 구조가 단순해 계약 체결에 소요되는 시간과 비용을 절약할 수 있다.

2. SAFE 투자의 주요 조건

① 투자 금액 : 투자자가 투자하는 금액

② 가치 상한(Valuation Cap) : 후속 투자 시 회사의 기업 가치가 특정 금액을 넘더라도, SAFE 투자자의 지분 계산 시에는 이 상한 금액을 기준으로 계산하는 조건. 초기 투자자에게 유리하게 작용할 수 있음.

③ 할인율 (Discount Rate) : 후속 투자 시 결정된 주당 가격에서 일정 비율 할인된 가격으로 SAFE 투자자가 주식을 인수할 수 있는 조건. 후속 투자자보다 낮은 가격으로 지분을 확보해 유리

④ 최저 투자 금액 (Minimum Investment Amount) : SAFE 계약이 발효되기 위한 최소 후속 투자 유치 금액 조건

⑤ 주식 종류 : SAFE 투자자가 전환받을 주식의 종류 (일반적으로 우선주)를 명시

⑥ 청산 우선권(Liquidation Preference) : 회사가 청산될 경우, 다른 주주보다 먼저 투자금을 회수할 수 있는 권리. 일반적인 우선주 조건

3. SAFE 투자의 장점

(1) 스타트업(피투자자) 입장

복잡한 가치평가 및 계약 협상 과정을 줄여 빠르게 투자금을 유치할 수 있으며, 현재 시점에서 지분을 확정하지 않으므로 초기 단계에서의 과도한 지분 희석을 방지할 수 있다. 또한 계약 구조가 단순해 법률 자문 비용 등을 절감할 수 있으며, 투자 유치 시 시장 상황 및 회사의 상황에 맞춰 다양한 조건으로 협상할 수 있게 해 준다.

(2) 투자자 입장

성장 가능성이 높은 초기 단계 스타트업에 투자할 기회를 얻을 수 있다. 잠재적으로 높은 수익, 회사의 성장에 따라 높은 수익을 기대할 수 있다. 또한 후속 투자 유치 시 기업 가치 상승에 따른 지분가치 상승을 기대할 수 있으며, 미래의 가치평가에 따라 지분이 결정되므로 초기 단계의 정보 부족으로 인한 불확실성을 줄일 수 있다.

4. SAFE 투자의 단점 및 위험

(1) 스타트업(피투자자) 입장

후속 투자 유치 시 투자 조건에 따라 예상보다 많은 지분이 희석될 수 있으며, 미래의 기업 가치 및 투자 조건에 따라 투자자에게 유리한 조건으로 지분이 확정될 수 있다. 또한 후속 투자 유치에 실패할 경우, SAFE 투자 계약이 제대로 이행되지 않을 수 있다.

(2) 투자자 입장

회사가 성장하지 못하거나 후속 투자 유치에 실패할 경우, 투자금을 회수하기 어려울 수 있으며, 미래의 특정 조건이 발생하지 않으면 지분을 확보하지 못할 수 있다. 또한 초기 단계 기업에 대한 정보 부족으로 투자 판단에 어려움을 겪을 수 있다.

5. SAFE 투자 계약서의 주요 내용

① 투자 금액 : 투자자가 지급하는 금액 명시
② 미래 주식 발행 조건 : 후속 투자, IPO, M&A 등 지분 전환 조건 명시

③ 가치 상한 (Valuation Cap) : (선택 사항) 투자자의 지분율 계산 시 적용될 최대 기업 가치 명시

④ 할인율 (Discount Rate) : (선택 사항) 후속 투자 시 주식 인수 가격 할인율 명시

⑤ 최저 투자 금액 : (선택 사항) SAFE 계약 발효 조건 명시

⑥ 주식 종류 : 투자자가 전환받을 주식 종류 명시

⑦ 청산 시 우선권 : (선택 사항) 투자자의 청산 시 잔여 재산 분배 우선권 명시

⑧ 계약 당사자 및 효력 발생 조건

⑨ 준거법 및 분쟁 해결 방법

⑩ 기타 조건 : 정보 제공 의무, 동의 사항 등

기술 가치평가의 목적과 용도

기술 가치평가는 기술이 사업화되었을 때 창출할 수 있는 경제적 가치를 금액으로 환산해 평가하는 과정이다. 이는 단순히 기술 자체의 우수성을 평가하는 것이 아니라, 해당 기술이 시장에서 어느 정도의 경제적 가치를 지닐 수 있는지를 객관적으로 분석하는 것이다. 기술 가치평가는 다양한 목적과 용도로 활용될 수 있다. 주요 목적 및 용도는 다음과 같다.

① 기술 이전 및 거래 : 기술 매매, 라이선스 계약 시 적정 기술료 산정
② 금융 : 기술 담보 대출, 투자 유치 시 기술 가치 산정
③ 현물 출자 : 기술 또는 지식재산권을 현물로 출자할 때 가치평가
④ 경영 전략 수립 : 기업 가치 증진, 기술 상품화, 분사(spin-off), 장기 경영 계획 수립
⑤ 세무 : 기술의 기증, 처분, 상각 시 세금 산정 기준 마련
⑥ 청산 : 기업 파산 또는 구조조정 시 자산 평가
⑦ 소송 : 지식재산권 침해 소송 등 재산 분쟁 시 손해액 산정 기준
⑧ 기술 특례 상장 : 기술력이 우수한 기업의 상장 심사 자료

⑨ 정부 지원 사업 신청 : IP 담보 연계, 투자 연계, 보증 연계, 사업화 연계 등 정부 지원 사업 신청 시 평가 자료 활용

기술 특례상장의 요건과 절차

　기술 특례상장은 수익성이나 재무구조 등 일반적인 상장 요건을 충족하기 어렵지만, 향후 성장 가능성이 큰 우수한 기술력을 가진 기업에 코스닥 시장에 상장할 수 있는 기회를 제공하는 제도다. 이는 기술력 중심의 혁신 기업이 자금을 조달하고 성장 동력을 확보할 수 있도록 지원하는 데 목적이 있다.

　기술 특례상장의 주요 요건은 다음과 같다.

1. 기술 평가
　한국거래소가 지정한 전문 평가기관으로부터 기술력에 대한 평가를 받아야 한다. 평가 결과는 복수의 기관으로부터 일정 등급 이상(일반적으로 A등급 이상 1개 기관, BBB등급 이상 1개 기관)을 받아야 한다. 단, 딥테크 기업의 경우 1개 평가기관으로부터 A등급 이상을 받으면 된다.

2. 자기자본
　상장 신청일 현재 10억 원 이상의 자기자본을 보유해야 한다.

3. 시가총액

상장 신청일 현재 90억 원 이상이어야 한다.

과거에는 기술 평가 시 특정 산업 분야로 제한이 있었으나, 현재는 전 업종으로 확대 적용되었다. 거래소는 형식적인 요건 외에도 기업의 지속 가능성, 경영능력, 시장성 등을 종합적으로 심사한다.

대략적인 기술 특례상장 절차는 다음과 같다.

(1) 상장 주관사 선정
상장 업무를 대행할 증권회사 선정

(2) 기술 평가 신청 및 평가
한국거래소가 지정한 전문 평가기관에 기술 평가를 신청하고 평가. 일반적으로 2개 기관에서 평가를 진행하며, 각 기관의 평가 기간은 약 30~45 영업일 정도 소요

(3) 상장 예비 심사 청구
기술 평가 통과 후 한국거래소에 상장 예비 심사를 청구

(4) 한국거래소 심사
거래소는 기업의 기술력, 사업성, 경영 투명성, 시장성 등을 종합적으로 심사. 현장 실사 등이 진행

(5) 상장 승인 및 공모
거래소의 상장 승인을 얻으면 공모 절차를 진행

(6) 주식 시장 상장
공모를 거쳐 코스닥 시장에 주식을 상장

기술 가치평가 체크리스트

1. 기술 요인(기술성)
- 기업의 혁신성 : 기술 자체의 속성
- 기술의 환경성 : 다른 기술/인프라와의 관계
- 기술의 사회성 : 기술 관련 법·사회문화적 문제

2. 시장 요인(시장성)
- 시장 환경요인 : 정치 경제 사회 등 시장 외적 문제
- 상품/산업 특성 : 상품 산업 등 공급자 특성
- 시장 특성 : 수요측 요인
- 경쟁 특성 : 산업과 시장에서의 경쟁 특성

3. 기업요인(사업성)
- 전략요인 : 다른 기술, 상품, 산업 보완 여부
- 기술 개발력 : 기술 인력, 조직과 능력
- 생산력 : 공정 기술, 투입 요소, 시설 등
- 재무구조 : 자본구조, 일반재무구조

- 유통 및 마케팅 능력 : 유통 물류, 마케팅 역량과 노력
- 기타 : 기타 기업 내 요인

4. 수익성
- 수익 및 비용구조 : 수익구조, 비용구조
- 수익의 속성 : 수익의 성장성, 안정성

5. 경영(역량)요인
- 경영자 : 경영자의 기업가정신, 능력 등
- 핵심전문인력 : 기업 영업 관리 등의 핵심인력

(자료 출처 : 기술가치평가론, 한국기업·기술가치평가협회)

PART 4

가치란 무엇인가?

 **가치창출 원칙**

《기업 가치란 무엇인가(Value)》라는 책에서 맥킨지가 말하는 기업 가치 창출의 4대 원칙은 다음과 같다.

첫째, 투자자들의 요구하는 자본비용보다 높은 수익률로 미래 현금흐름을 만들어낼 수 있을 때 기업 가치가 창출된다.

둘째, 기업 가치는 현금흐름에 대한 청구권을 단순 재분배하는 것만으로 창출되지 않으며, 더 많은 현금흐름을 만들어낼 수 있을 때만 창출될 수 있다.

셋째, 주식 시장에서 기업의 성과는 성장률, ROIC, 현금흐름과 같은 실제 성과에 좌우될 뿐만 아니라 주식 시장이 가지고 있는 기대의 변화에도 영향을 받는다는 것이다. 이 원칙은 주식 시장에서 주가에 대한 기대가 높을수록 현 주가 수준을 유지하기 위해 더 좋은 성과를 계속 만들어내야 한다는 점에서 기대 쳇바퀴(Expectations Treadmill)라고 부르기도 한다.

넷째, 누가 경영하고, 어떤 전략을 펼치는가에 따라 기업 가치가 달려 있다는 것이다. 우리는 이 원칙을 최상의 소유자(Best Owner)라고 부르고자 하며, 이것은 기업 가치를 증가시킬 수 있는 경영자 고유의 능력에 따라 현금흐름이 달라질 수 있다는 것이다.

가치 창출의 원칙은 기업, 개인, 또는 사회 전체가 지속 가능한 방식으로 효용, 이익, 또는 긍정적인 영향을 만들어내는 근본적인 아이디어를 의미한다.

기업이 가치를 창출할 수 있는 핵심 원칙들은 다음과 같다.

1. 효용 증대(Increasing Utility)

① 고객 가치 : 제품이나 서비스가 고객의 문제를 해결하거나, 필요를 충족시키거나, 즐거움을 제공함으로써 고객에게 효용을 제공해야 한다. 단순히 제품을 판매하는 것이 아니라, 고객의 삶이나 업무에 긍정적인 변화를 가져오는 것이 중요하다.

② 사용 가치 : 최종 사용자가 제품이나 서비스를 실제로 사용하면서 느끼는 만족도와 편리성을 극대화해야 한다. 디자인, 기능성, 사용 편의성 등이 중요한 요소다.

③ 경험 가치 : 제품이나 서비스를 구매하고 사용하는 전 과정에서 고객에게 긍정적이고 차별화된 경험을 제공해야 한다. 브랜드 이미지, 고객 서비스 등이 영향을 미친다.

2. 효율성 증진(Enhancing Efficiency)

① 자원 최적화 : 투입되는 자원(시간, 비용, 노력, 자본 등) 대비 산출되는 가치를 극대화해야 한다. 프로세스 개선, 기술 도입, 불필요한 낭비 제거 등을 통해 효율성을 높일 수 있다.

② 생산성 향상 : 동일한 자원으로 더 많은 가치를 창출하거나, 동일한 가치를 더 적은 자원으로 창출해야 한다. 이는 혁신, 자동화, 전문성 향상 등을 통해 달성할 수 있다.

③ 비용 절감 : 가치 창출에 필수적이지 않은 비용을 줄이고, 핵심 가치 제공에 집중함으로써 수익성을 개선할 수 있다.

3. 혁신 추구 (Pursuing Innovation)

① 새로운 가치 창출 : 기존에 없던 새로운 제품, 서비스, 비즈니스 모델을 개발해 새로운 시장을 창출하거나 기존 시장을 재정의해야 한다.

② 지속적인 개선 : 기존 제품이나 서비스를 꾸준히 개선하고 발전시켜 고객 만족도를 높이고 경쟁 우위를 유지해야 한다.

③ 기술 활용 : 새로운 기술을 적극적으로 도입하고 활용해 가치 창출 방식을 혁신해야 한다.

4. 지속 가능성 확보(Ensuring Sustainability)

① 장기적 관점 : 단기적인 이익에 치중하기보다는 장기적인 관점에서 환경, 사회, 경제에 긍정적인 영향을 미치는 방식으로 가치를 창출해야 한다.

② 사회적 책임(CSR) : 기업 활동이 사회 전체에 미치는 영향을 고려하고, 윤리적이고 책임감 있는 경영을 실천해야 한다.

③ 환경 보호(Environmental Stewardship) : 자원 낭비를 줄이고, 환경 오염을 최소화하며, 친환경적인 방식으로 가치를 창출해야 한다.

5. 이해관계자 가치 균형
(Balancing Stakeholder Value)

① 고객, 주주, 직원, 협력업체, 지역 사회 등 다양한 이해관계자들의 요구를 균형 있게 고려하고, 이들 모두에게 긍정적인 가치를 제공해야 한다.

② 단순히 주주 가치 극대화에만 집중하는 것이 아니라, 모든 이해관계자와의 건강한 관계를 구축하고 유지하는 것이 장기적인 가치 창출에 중요하다.

6. 투명성과 신뢰 구축
(Building Transparency and Trust)

① 정직하고 투명한 정보 공개 : 기업 활동과 성과에 대한 정보를 투명하게 공개해 이해관계자들의 신뢰를 얻어야 한다.

② 윤리 경영 : 법규를 준수하고 윤리적인 경영 활동을 통해 기업의 신뢰도를 높여야 한다.

 # 시장 가치, 본질 가치, 투자 가치, 내재 가치

기업이나 비즈니스 또는 자산의 가치를 평가하는 데는 다양한 방법이 활용된다. 시장 가치, 본질 가치, 투자 가치, 내재 가치는 각각 다른 관점과 의미를 내포하고 있으며 그 내용은 다음과 같다.

1. 시장 가치(Market Value)
- 특정 시점에서 시장에서 실제로 거래되는 가격이다. 주식의 경우, 현재 주식 시장에서 형성된 주가를 의미한다. 부동산, 채권 등 다른 자산에도 마찬가지로 적용된다.
- 수요와 공급의 영향을 받아 끊임없이 변동한다.
- 객관적인 현재 시점의 가격을 나타낸다.
- 투자자들의 심리, 시장 상황, 경제 상황 등 다양한 외부 요인에 민감하게 반응한다.
- 단기적인 관점에서의 가치를 보여준다.

2. 본질 가치(Intrinsic Value 또는 Fundamental Value)
- 기업이 가진 펀더멘털(재무 상태, 수익성, 성장성, 자산 가치 등)을 분석해 산

출한다. 기업의 고유한 가치다. 시장의 단기적인 변동이나 투자 심리에 영향을 받지 않는, 기업 자체의 실질적인 가치를 평가하려는 개념이다.
- 주관적인 평가가 개입될 수 있다. 분석가마다 기업의 미래를 예측하는 방식이나 중요하게 생각하는 요소가 다를 수 있기 때문이다.
- 장기적인 관점에서 기업의 내재 된 가치를 파악하는 데 중점을 둔다.
- 다양한 가치평가 모델(DCF, 자산 가치, 수익 가치 등)을 사용해 추정한다.
- 시장 가치와 비교해 저평가 또는 고평가된 기업을 판단하는 기준으로 활용된다.

3. 투자 가치(Investment Value)

- 특정 투자자의 관점에서 평가한 자산의 가치다. 이는 투자자의 투자 목표, 위험 감수 수준, 필요한 수익률, 투자 기간 등 개별적인 요소들을 고려해 산정된다.
- 매우 주관적이다. 같은 자산이라도 투자자마다 투자 가치는 다르게 평가할 수 있다.
- 투자 전략과 밀접하게 관련되어 있다. 가치 투자자, 성장주 투자자 등 투자 스타일에 따라 투자 가치를 판단하는 기준이 달라진다.
- 단순히 기업의 펀더멘털뿐만 아니라, 시장 상황, 투자자의 포트폴리오, 세금 문제 등 다양한 요인을 고려한다.
- "내가 이 자산에 투자했을 때 얻을 수 있는 효용은 얼마인가?"에 대한 답이라고 할 수 있다.

4. 내재 가치(Inherent Value)

- 본질 가치와 유사한 개념으로 사용되는 경우가 많다. 기업이 창출할 것으로 예상되는 미래 현금흐름을 현재 가치로 할인해 평가한 값, 또는 기업이 보유한 자산의 순가치 등을 종합적으로 고려해 산출한 본질적인 경제적 가치를 의미한다.
- 본질 가치와 마찬가지로 장기적인 관점을 강조한다.
- 기업의 미래 성장 잠재력과 수익성을 중요하게 고려한다.
- 다양한 가치평가방법을 통해 추정될 수 있다.
- 시장의 일시적인 잡음이나 비합리적인 움직임에 흔들리지 않는 기업 고유의 가치를 나타내려고 한다.

구분	정의	특징	관점
시장 가치	현재 시장에서 거래되는 가격	객관적, 변동성 큼, 단기적	시장
본질 가치	기업의 펀더멘털 분석을 통해 산출한 고유 가치	주관적 개입 가능, 장기적, 내재된 가치	기업
투자 가치	특정 투자자의 관점에서 평가한 가치	매우 주관적, 투자 목표 및 전략에 따라 달라짐, 다양한 요인 고려	투자자
내재 가치	기업의 미래 현금흐름 또는 자산 가치 등을 종합적으로 고려한 본질적 가치	장기적, 미래 성장 잠재력 및 수익성 중용, 기업 고유의 가치	기업

 # 북밸류와 공정밸류

북밸류(Book Value)와 공정밸류(Fair Value)는 기업의 자산과 부채, 또는 주식 가치를 평가할 때 사용되는 두 가지 중요한 개념이다. 이 두 개념은 자산이나 기업 가치를 측정하는 방식으로 각각의 내용에 대해 차이점이 있다.

1. 북밸류

북밸류는 기업의 재무제표상에서 나타나는 자산의 가치를 의미한다. 이는 자산의 원가에서 감가상각, 상각 등을 차감한 장부상 가치다. 즉, 기업이 보유한 자산에 대한 실제 회계적 가치를 나타낸다.

- 계산식 : 북밸류=총 자산-총 부채

즉, 자산에서 부채를 뺀 순자산의 가치를 나타낸다. 회계 기준에 따라 측정되므로, 자산의 시장 가격이나 현재 가치를 반영하지 않을 수 있고, 감가상각 등을 반영한 원가 기준으로 평가된다. 실제로 기업이 자산을 처분할 때 얻을 수 있는 가격과는 차이가 있을 수 있으며, 주로 자산과 부채를 장부에 기록된 대로 반영한 값이다.

2. 공정밸류

공정밸류는 자산이나 부채의 시장 가치 또는 거래에서 얻을 수 있는 가격을 나타내는 개념이다. 이는 자산이 현재 시장에서 거래될 수 있는 가격을 반영한다. 공정밸류는 시장 참여자 간의 합리적인 거래에서 자산이 교환될 수 있는 가격을 기준으로 평가된다.

공정밸류는 정확한 계산식이 정해져 있지 않지만, 일반적으로 시장에서 거래되는 가격 또는 유사 자산의 시장 가격을 기준으로 평가된다. 시장에서 거래되는 가격을 기준으로 하므로, 시장의 수급, 거래 상황에 따라 변동성이 클 수 있다. 시장 참여자 간의 합리적인 거래를 기준으로 하기 때문에 더 현실적인 가치를 반영한다고 볼 수 있다. 비상장 기업의 자산이나 특별한 자산에 대해서는 공정밸류를 평가하기 위해 할인된 현금흐름(DCF) 방법이나 다른 평가 기법을 사용할 수 있다.

구분	북밸류(Book Value)	공정밸류(Fair Value)
의미	자산과 부채를 회계장부에 기록된 대로 반영한 가치	시장에서 거래될 수 있는 현재 가치
기준	회계적 원가(감가상각, 상각 등 반영)	시장가격 또는 합리적인 거래가격
변동성	비교적 일정하고 변동이 적음.	시장의 수급상황에 따라 큰 변동가능
적용 범위	재무제표에서 순자산을 계산할 때 사용	투자평가, 자산처분 등을 고려 시 사용
예시	기업의 장부에서 자산과 부채를 뺀 순자산	시장에서 자신이 거래될 수 있는 가격

프리밸류와 포스트밸류

프리머니밸류(Pre-money Valuation)는 투자 유치 전 회사의 가치를 말해, 포스트머니밸류(Post-money Valuation)은 투자 유치 후 회사의 가치를 의미한다. 프리머니밸류는 현재 회사의 사업 모델, 기술력, 시장 경쟁력, 성장 가능성, 재무 상태 등을 종합적으로 평가해 산정되며, 투자자가 투자하기 전, 객관적으로 회사가 얼마의 가치를 가지고 있다고 평가되는 금액이고, 포스트밸류는 프리밸류에 투자 유치 금액을 합산한 금액이다. 즉, 투자가 완료된 시점에서 회사의 총가치를 나타낸다. 이를 식으로 나타내면 다음과 같다.

1. 포스트밸류 및 프리밸류 수식

- 포스트밸류=프리밸류+투자 금액
- 포스트밸류=투자 금액/지분율
- 프리밸류=포스트밸류-투자 금액

2. 포스트밸류 및 프리밸류 계산 예시

투자금이 100억 원이고, 투자자의 지분율이 10%인 경우

- 포스트밸류=100억 원/10%=1,000억 원
- 프리밸류=1,000억 원-100억 원=900억 원

3. 주식 수 기준 계산법

- 프리밸류=기존 발행주식 수×1주당 발행가격
- 포스트밸류=(기존 발행주식 수+신규 발행주식 수)×1주당 발행가격

예 : 기존 발행주식 수가 500,000주인 기업이 100억 원의 유치를 희망하고 투자자에게 주당 10,000에 100,000주를 발행

프리밸류=500,000×주당 10,000원=50억 원

포스트밸류=(500,000주+100,000주)×주당 10,000원=50억 원

구분	프리밸류(Pre-money Valuation)	포스트밸류(Post-money Valuation)
의미	투자 유치 전 기업의 가치	투자 유치 후 기업의 가치
산정 시점	투자 전	투자 후
계산 방법	회사의 현재 및 미래 가치평가	프리밸류+투자 금액
활용	투자 지분율 결정의 기준	투자 후 전체 기업 가치 파악

 **TAM, SAM, SOM**

　TAM, SAM, SOM은 시장 규모 추정을 위한 프레임워크로, 각각 총 시장 규모(TAM, Total Addressable Market), 유효 시장 규모(SAM, Serviceable Available Market), 실제 목표 시장 규모(SOM, Serviceable Obtainable Market)를 의미한다. 이는 기업이 진출하고자 하는 시장을 정의하고 규모를 파악해 전략 수립에 활용된다. 기업 전략 수립에 있어서 시장 분석은 가장 중요한 부분 중의 하나이며, 시장 분석이 얼마나 정교하게 되었느냐 하는 것이 비즈니스의 성패를 크게 좌우할 수 있다.

　TAM, SAM, SOM 프레임워크는 그 자체로 직접적인 가치평가방법은 아니지만, 회사의 시장 잠재력을 파악하고, 이를 기반으로 합리적인 성장 예측을 도출해 가치평가 모델에 중요한 입력 변수를 제공하는 데 매우 유용하게 활용될 수 있다. 가치평가 시 TAM, SAM, SOM에 대한 활용방안은 다음과 같다.

1. 시장 규모 추정 및 성장 가능성 분석

　① TAM(총 시장 규모) : 회사가 잠재적으로 도달할 수 있는 전체 시장의 크기를 보여준다. 큰 TAM은 성장 잠재력이 높다는 것을 시사하며,

이는 높은 가치평가로 이어질 수 있다.

② SAM(유효 시장 규모) : 회사의 사업 모델, 기술, 지리적 범위 등을 고려했을 때 실제로 공략할 수 있는 시장의 크기를 나타낸다. SAM은 현실적인 시장 접근 가능성을 보여주며, 가치평가 시 과도한 낙관론을 방지하는 데 도움이 된다.

③ SOM(수익가능 시장 규모) : 회사가 단기적으로 확보할 수 있는 시장 점유율을 의미한다. SOM은 초기 단계의 수익 예측에 직접적으로 활용되어, 단기적인 가치를 평가하는 데 중요한 지표가 된다.

2. 가치평가 모델의 입력 변수

TAM, SAM, SOM 분석 결과는 다양한 가치평가 모델의 핵심 입력 변수로 활용될 수 있다.

① 매출 예측 : 특히 DCF(현금흐름 할인) 모형에서 미래 매출을 예측하는 데 중요한 역할을 한다. SOM을 기반으로 초기 매출을 추정하고, SAM과 TAM을 고려해 장기적인 성장률을 설정하는 데 활용될 수 있다. 현실적인 시장 침투율과 성장 단계를 반영한 매출 예측은 가치평가의 정확성을 높인다.

② 시장 성장률 : TAM, SAM 분석을 통해 해당 시장의 전반적인 성장률을 파악하고, 회사의 성장률을 예측하는 데 참고할 수 있다. 높은 시장 성장률은 회사의 성장 잠재력을 높게 평가받는 요인이 될 수 있다.

③ 경쟁 환경 분석 : TAM, SAM, SOM 분석 과정에서 경쟁사 현황 및 시장 점유율을 파악하게 되며, 이는 회사의 경쟁 우위 및 시장 지위를 평가하는 데 도움이 된다. 경쟁 우위는 미래 현금흐름의 안정성

과 지속 가능성에 영향을 미쳐 가치평가에 반영될 수 있다.

3. 투자 유치 및 사업 전략

① 투자 설득 : 명확한 TAM, SAM, SOM 분석은 투자자에게 회사의 시장 잠재력과 현실적인 성장 전략을 제시해 투자 유치 가능성을 높인다. 투자자는 시장 규모와 회사의 시장 침투 가능성을 중요한 투자 결정 요인으로 고려한다.

② 사업 목표 설정 : TAM, SAM, SOM 분석은 회사가 설정해야 할 현실적인 단기 및 장기 사업 목표를 제시한다. 이를 통해 회사는 단계별 성장 전략을 수립하고, 자원 배분을 효율적으로 관리할 수 있다.

 **지분 희석**

지분 희석(Equity Dilution)은 기업이 추가 자금을 조달하기 위해 새로운 주식이나 지분을 발행할 때 기존 주주들의 지분 비율이 감소하는 현상을 의미한다. 이는 주로 기업이 자금을 확보하기 위해 외부 투자자나 새로운 주주에게 주식을 발행하는 과정에서 발생한다. 지분 희석은 주주들이 보유한 기존 주식의 가치를 감소시킬 수 있으며, 기업의 경영권이나 의결권에 영향을 미칠 수도 있다.

기업이 운영 자금을 확보하기 위해 새로운 주식을 발행해 투자자에게 판매하면 지분이 희석되게 된다. 이는 가치의 교환이며 투자자는 기업이 가진 지분을 주식으로 받고 그에 대한 교환의 가치로 투자하게 된다. 스타트업이나 빠르게 성장하는 기업들이 벤처캐피탈이나 다른 외부 투자자에게 지분을 매각해 자금을 조달하게 되는 것이다. 이때 기업 지분의 희석이 불가피하게 되는 것이다. 즉, 지분을 가진 기업 주주들의 지분이 줄어들면서 외부 투자금이 기업으로 들어오게 된다.

또한, 직원들에게 주식 옵션이나 주식 보상 프로그램을 제공하면서 주식이 추가 발행될 때나, 기업이 다른 기업을 인수하기 위해 새로운 주식을 발행하거나 자사주를 교환해 지분을 조정할 때도 기존 주주의 지분의 희석될 수 있다.

지분 희석은 주주에게 여러 가지 영향을 미치게 된다. 지분 희석이 일어나면 기존 주주들이 보유한 주식의 비율이 감소한다. 예를 들어, 기존에 10%의 지분을 보유하고 있던 주주가 새로운 주식 발행 후 8%로 줄어드는 경우가 될 수 있다. 이는 주주가 의결권, 배당금, 기업의 수익에 대한 참여도에서 상대적으로 감소하는 효과를 가져온다.

한편, 지분 희석은 주식의 가치에도 영향을 미칠 수 있다. 왜냐하면 새로운 주식이 발행되면 전체 발행된 주식 수가 증가하게 되어, 주식의 희소성이 줄어들 수 있기 때문이다. 특히, 기업이 성장 가능성이 크다고 평가되었을 때 추가적인 주식 발행이 있는 경우, 투자자들이 기존 주식의 가치를 평가절하할 수 있다.

또한, 기업의 경영권에도 영향을 미칠 수 있다. 추가적인 주식 발행을 통해 새로운 투자자가 주요 주주로 등장하면, 기존 주주들이 경영 결정에 영향을 미치기 어려워질 수 있는 것이다. 이는 기업의 의사결정 구조나 경영에 변화를 일으킬 수 있다.

주식 수가 증가하게 되면, 기업이 배당금을 지급하는 경우 기존 주주가 받는 배당금도 상대적으로 감소할 수 있다. 예를 들어, 기업이 발행한 배당금을 기존 주식 수로 나누어 지급하는 경우, 전체 주식 수가 증가하면 각 주식당 배당금이 줄어들게 되는 것이다.

지분의 희석은 기업이 외부 자금조달을 위해 주식을 발행하는 경우, 이는 투자자나 외부 금융기관의 요청에 의해 일어날 수 있고, 일반적으로 스타트업들이 벤처캐피탈로부터 자금을 받을 때 발생한다. 또한, 기업이 자발적으로 자금을 조달하거나 자사주를 매각하는 과정에서도 발생한다. 이는 자금조달이나 경영 방침에 따라 선택적으로 진행되는 것이다.

기업이 자금을 조달할 때 지분 희석을 최소화하기를 원하면 기업이 투자자와 협상할 때 지분 희석을 방지하는 방법을 미리 설정할 수 있다. 예를 들어, 기존 주주에게 새로운 주식을 우선적으로 매수할 수 있는 우선매수권(Preemptive Rights)을 부여하는 방법이 있다. 이를 통해 기존 주주는 지분 비율의 희석을 방지할 수 있게 된다. 또는 일부 기업은 투자 계약에서 반 희석 조항(Anti-Dilution Provision)을 포함시켜, 투자자들이 새로운 주식을 발행할 때 자신의 지분 비율이 일정 수준 이상으로 희석되지 않도록 보호하기도 한다.

지분 희석은 부정적인 결과만 가져오는 것은 아니다. 특정 상황에서는 기업과 투자자에게 긍정적인 측면이 있을 수 있는데, 이는 기업이 지분을 희석하면서 기업이 자금을 조달해 성장하거나 시장에서 경쟁력을 키우는 데 필요한 자원을 확보할 수 있는 것이다. 이로 인해 장기적으로 기업 가치가 상승할 수 있도록 기업과 투자자들이 함께 노력하게 된다.

투자금을 통해 신제품 개발, 시장 확장, 기술 혁신 등을 추진할 수 있으며, 이러한 성장 전략이 성공하면, 기업의 전체 가치는 상승하고 지분 희석된 기존 주주들에게도 장기적인 이익을 가져올 수 있게 된다. 기업이 자금을 효율적으로 사용해 성장 가능성을 높이면, 지분 희석이 일시적이라 하더라도 기업 가치가 증가하면서 추가적인 투자자들의 참여를 유도할 수 있다.

 # 청산 가치

청산 가치(Liquidation Value)는 기업이나 자산이 청산(해체)될 때, 즉 기업 활동을 종료하고 자산을 모두 매각한 후 남은 가치를 말한다. 청산은 일반적으로 부도나 파산과 같은 상황에서 발생하며, 기업이 정상적으로 운영을 계속할 수 없는 경우에 적용된다.

청산 가치는 기업이 보유하고 있는 자산의 현금화 가능 가치를 의미하는데, 이 과정에서 자산이 모두 팔리고 부채가 상환된 후 남은 금액이 청산 가치가 된다. 청산 가치는 다음과 같은 방식으로 계산될 수 있다.

1. 자산 평가

- 유동 자산 : 현금, 예금, 매출채권(고객으로부터 받을 돈), 재고 자산(판매 가능한 상품) 등 쉽게 현금화할 수 있는 자산들
- 비유동 자산 : 부동산, 기계 및 장비, 특허권, 브랜드 가치 등 상대적으로 현금화하기 어려운 자산들

2. 부채 상환

- 단기 부채 : 매입채무, 단기 대출 등 1년 이내에 갚아야 할 부채

- 장기 부채 : 장기 대출, 회사채 등 장기적으로 갚아야 할 부채

3. 순자산 산출
- 자산에서 부채를 차감한 금액이 청산 후 남는 금액

청산 가치의 의미는 기업이 청산이 될 때 자산을 팔아서 부채를 갚고 남은 금액이나, 이는 기업이 계속 운영될 때의 가치와는 다를 수 있다. 계속 운영되는 기업은 일반적으로 더 높은 영업 가치를 지니기 때문에, 청산 가치는 더 낮을 수 있다. 기업이 파산하거나 청산 절차를 밟을 때, 투자자들이 해당 기업의 가치를 평가할 때 중요한 지표로 사용되는 것으로, 자산을 팔았을 때 실제로 남을 금액이 얼마나 되는지를 보는 것이다. 기업의 청산 가치는 주주들에게 최악의 경우를 나타낸다. 왜냐하면 주주는 부채를 모두 갚고 나서 남은 자산에서 마지막으로 배당받을 수 있기 때문에, 청산 가치가 너무 낮으면 주주들은 손실을 받게 되기 때문이다.

영업 가치(Going Concern Value)는 기업이 계속해서 운영될 경우의 가치로, 미래의 수익과 성장 가능성을 반영한 것이지만, 청산 가치는 기업이 해체될 때 자산을 팔아서 남는 가치를 반영한 것이다. 이때 기업의 지속적인 성장 가능성이나 미래 수익성은 고려되지 않게 되는 것이다.

기업이 파산하거나 청산 절차에 들어갈 경우, 청산 가치는 투자자와 채권자들이 기업의 자산을 얼마나 회수할 수 있는지를 파악하는 데 중요한 지표가 된다. 또한, M&A(인수합병)평가를 할 때, 기업이 청산되었을 때의 가치를 알고 싶어 할 수 있다. 청산 가치는 인수자가 기업을 운영하

는 대신 매각할 자산이 얼마인지를 평가하는 데 유용하다. 한편, 기업이 심각한 재정 위기 상황에 처했을 때, 자산을 매각해 부채를 갚고 회생하는 방법을 선택할 수 있다. 이때 청산 가치를 분석해, 자산을 어떻게 관리할지 결정을 내리게 된다.

결국, 청산 가치는 기업의 미래 성장 가능성과는 별개로, 현재 보유한 자산을 현금화했을 때 얻을 수 있는 가치를 나타내므로, 기업이 정말로 파산하거나 해체된 경우의 최악의 상황을 예측할 때 중요한 지표로 사용되는 것이다.

신주 투자와 구주 투자

신주는 회사가 새롭게 발행하는 주식을 의미한다. 회사가 사업 확장, 투자 유치, 재무 구조 개선 등의 목적으로 자본금을 늘리기 위해 발행한다. 신주 발행 시 회사는 투자자로부터 자금을 조달하게 되며, 이는 회사의 자본으로 유입된다. 그리고 구주는 이미 발행되어 유통되고 있는 기존의 주식을 의미한다. 이는 회사가 설립될 때 최초로 발행된 주식이나, 과거에 신주 발행을 통해 발행되어 현재 주주들이 보유하고 있는 주식을 모두 포함한다. 구주는 주식 시장에서 투자자들 간에 자유롭게 거래될 수 있다.

신주 투자와 구주 투자는 기업에 투자하는 방식에서 중요한 차이를 가지며, 투자자가 어떤 주식에 투자하는지에 따라 서로 다른 특성과 장단점을 갖는다.

1. 신주 투자

신주 투자는 기업이 신규로 발행한 주식에 투자하는 것을 의미한다. 이는 기업이 자금을 조달하기 위해 주식을 새로 발행하고, 투자자는 그 주식을 매입하는 방식이다. 보통 기업이 증자를 통해 자금을 모집할 때 이루어진다.

기업에 새로운 자금을 공급하므로, 기업의 성장 기회를 지원할 수 있고, 자본금 증가로 인해 기업의 재정적 안정성이 강화될 수 있으며, 상장 초기나 신규 투자 기회에 참여할 수 있는 기회가 될 수 있다. 하지만 신규 주식 발행으로 인해 기존 주주의 지분율이 희석될 수 있고, 투자자 입장에서의 리스크가 커질 수 있으며, 특히 기업의 성장성에 대한 불확실성이 존재할 수 있는 단점이 존재한다.

2. 구주 투자

구주 투자는 기존에 발행된 주식을 구매하는 것을 의미함. 즉, 기업이 이미 발행한 주식을 주식 시장에서 거래하거나 기존 주주로부터 구매하는 방식이다. 이는 기존 주식의 거래와 관련이 있으며, 기업의 자본금에 직접적인 영향을 미치지 않는다.

기업의 자본금에 영향을 미치지 않으므로, 기존 주주들의 지분율 희석 우려가 없고, 주식 시장에서 거래되는 주식은 이미 가격이 책정되어 있으므로, 투자자가 리스크 관리를 비교적 용이하게 할 수 있다. 또한, 유동성이 확보되어 있으며, 즉시 거래가 가능해, 신속한 투자 및 매도도 가능하다. 하지만 기업에 자금이 유입되지 않으므로, 기업의 성장에 직접적인 기여가 없고, 주식의 시장 가격 변동에 따라 투자 리스크가 발생할 수 있으며, 투자자는 기존 주주가 아니므로, 주주로서의 의사결정에 참여할 기회가 제한될 수 있다.

구분	신주 투자	구주 투자
대상 주식	신규 발행된 주식	이미 발행된 주식
자금유입	기업에 자금이 유입됨.	자금이 기업에 유입되지 않음.
기업영향	기업 자본금 증가, 기업 성장 지원	기업 자본금에 변화 없음.
기존 주주 영향	기존 주주의 지분율 희석 가능	기존 주주의 지분율에 영향 없음.
투자 목적	자금을 확보해 기업성장 기회제공	주식 시장에서 거래되는 주식에 투자
장점	기업 성장에 기여, 자본금 강화	기존 주주 지분 보호, 유동성 거래 가능
단점	기존 주주 지분율 희석, 리스크 있음.	기업 성장에 직접적인 기여 없음.

사모 펀드와 사모 투자

사모펀드(Private Equity Fund, PEF)는 소수의 투자자로부터 자금을 모아 비공개 기업의 지분이나 경영권을 인수하거나, 기업 가치를 향상해 수익을 추구하는 펀드를 말한다. 일반적으로 높은 수익률을 추구하지만 그만큼 위험성도 높은 투자 방식이다. 넓은 의미에서는 공개되지 않은 자산에 투자하는 모든 행위를 의미한다. 여기에는 사모펀드를 통한 투자뿐만 아니라, 개인이나 기관이 직접 비상장 기업의 지분을 인수하거나 부동산, 인프라 등에 투자하는 것도 모두 포함될 수 있으며, 좁은 의미에서는 사모펀드를 통해 이루어지는 투자를 지칭하는 경우가 많다. 공모펀드와 달리 엄격한 규제를 받지 않으며, 투자 대상이나 전략에 제약이 적은 것이 특징이다.

- 비공개 투자 : 주식 시장에 상장되지 않은 기업에 투자한다. 투자 대상에 대한 정보가 제한적일 수 있다.
- 경영 참여 : 단순히 자금만 투자하는 것이 아니라, 경영에 직접 참여해 기업 가치를 높이는 전략을 사용하기도 한다.
- 장기 투자 : 투자 회수까지 오랜 시간이 걸리는 경우가 많다.
- 높은 최소 투자 금액 : 일반 개인 투자자가 접근하기 어려울 정도로 최

소 투자 금액이 높은 편이다.
- 정보 비대칭성 : 투자 대상 기업에 대한 정보가 일반에 공개되지 않아 정보 접근에 제한이 있을 수 있다.
- 비유동성 : 투자 자산의 환금성이 낮을 수 있다.
- 높은 잠재 수익률 : 성공적인 투자 시 높은 수익을 기대할 수 있다.
- 맞춤형 투자 : 투자자와 대상 기업 간의 협상을 통해 투자 조건이 결정되는 경우가 많다.

투자자 입장에서 사모펀드의 투자 전략에는 다음과 같은 것들이 있다.
- 바이아웃(Buyout) : 기업의 경영권을 인수해 구조조정, 경영 효율화 등을 통해 기업 가치를 높인 후 매각하는 전략
- 그로스 캐피탈(Growth Capital) : 성장가능성이 높은 기업에 대해 경영권 취득보다는 소수지분방식으로 투자해 기업의 실질적 성장을 도모해 투자 자금을 회수하는 전략
- 벤처 투자(Venture Capital) : 신생기업의 비상장주식 등에 투자하면서 동시에 경영자문 등을 제공하며 초기 단계의 성장 가능성이 높은 벤처 기업에 투자하는 전략
- 메자닌 투자(Mezzanine Financing) : 채권과 주식의 중간 형태인 전환사채(CB)나 신주인수권부사채(BW) 등에 투자하는 전략
- 구조조정 투자(Distressed Debt/Restructuring) : 재무적으로 어려움을 겪는 기업에 투자해 회생을 돕고 수익을 받는 전략
- 프로젝트 투자 : 특정 프로젝트(부동산 개발, 인프라 건설 등)에 투자하는 전략

 # AI 스타트업의 가치

한국 벤처 투자 시장에서도 어떤 시기에는 팀만 잘 꾸려도 20억 원 이상 초기 투자가 쉽게 되는 때가 있는가 하면, 어떤 때는 매출이 발생하기 시작했음에도 불구하고 10억 원 미만으로 투자가 어려운 시기가 있다. 일반기업도 호황과 불황의 기간을 겪듯이, 투자 시장도 마찬가지다.

2024년 글로벌 벤처 투자는 한 마디로 AI가 다했다고 해도 과언이 아닐 정도였다. 글로벌 벤처 투자 시장이 위축된 분위기 속에서도 AI 분야는 뜨거운 시기를 보내며, 2024년 미국 스타트업 투자의 35%가 AI 관련 기업들에 집중되었다. 2023년도에 오픈AI가 마이크로소프트로부터 100억 달러 투자를 유치했던 기록마저 뛰어넘은 역대 최고의 성적을 달성한 것이다.

그중에 가장 대표적인 사례 중의 하나가 바로 오픈AI의 공동창업자이자 수석 과학자였던 일리야 수츠케버(Ilya Sutskever)의 새로운 스타트업 세이프 슈퍼인텔리전스(Safe Superintelligence, SSI)다. 오픈AI를 떠난 수츠케버가 2024년 7월에 회사를 설립해, 9월에 곧바로 1.4조 원($ 1Bn) 규모의 시리즈A 라운드 유치를 완료한 것이다. 실질적으로 법인을 설립하고 계약서를 작성하는 데 1~2개월밖에 안 걸린 셈이다.

이후, 2025년 초에는 그 가치가 다시 5개월 만에 7조 원(10억 달러)에서 43조 원(300억 달러) 가치로 약 6배 확대된 것으로 보도되었다. 세이프 슈퍼인텔리전스의 CEO 수츠케버는 안전한(Safe) 초지능(Superintelligence)를 개발하는 데 최고의 인재와 장비에 대한 투자를 아끼지 않고 신속히 목표를 달성할 것이라고 하며, 더 큰 가치 상승을 예고했다.

SSI는 인간 지능을 뛰어넘는 수준의 안전한 초지능 AI 시스템 개발을 핵심 목표로 삼고 있다. 특히 기존 AI 개발의 스케일링 가설을 넘어선 새로운 패러다임을 도입하고, AGI(인공일반지능) 개발 과정에서 안전성을 최우선으로 고려하는 등 인류에게 진정으로 유익한 AI 시대를 열어가는 것을 목표로 한 것이다.

이들이 이렇게 빠르게 놀랄 만한 가치평가를 받게 된 데는 AI라는 분야도 중요하지만 거기에 참여한 팀 구성도 큰 역할을 하고 있다. AI 분야 초기 투자자로 자리매김한 다니엘 그로스(Daniel Gross)가 CEO를 맡고, 오픈AI 연구원 출신의 다니엘 레비(Daniel Levy)가 공동창업자로 참여한 것이다. 또한, 안데르센호로위츠, 세콰이어캐피탈, DST글로벌을 이른바 설립 투자자(Founding Investor)로 확보하며 쾌조의 스타트를 보인 것이다.

기업의 큰 성장에는 기술, 서비스, 경영 등 여러 가지 요인들이 복합적으로 이루어져야 하지만 그중에 중요한 한 가지가 팀과 자본 활동이다. 팀이 어떻게 구성되어 있고 그 팀이 어떠한 명확한 비전을 가지고 나아가고 있는가는 투자가들이 가치평가를 할 때 주요한 요소로 여겨진다. 또한, 아무리 훌륭한 제품과 서비스를 하고 있더라도 그것을 시장에 알려 고객들에게 그 가치를 잘 전달하기 위해서는 그에 따르는 자본 활동이 필요하다. 그래서 초기 단계의 투자자 구성 또한 이후 대외적인 이미지나 신뢰도를 제고하거나 후속 투자를 유치하는 데도 영향을 미치게 된다.

PART 5

가치평가 실무

 # 비즈니스 가치평가의 절차

기업 가치평가는 기업의 현재 가치와 미래 성장 가능성을 평가하는 과정으로, 다양한 절차와 방법을 통해 이루어진다. 일반적으로 기업 가치평가는 투자자, 경영진, 애널리스트 등 다양한 이해관계자들이 기업에 대한 의사결정을 내리기 위해 수행된다. 기업 가치평가는 재무적 분석과 비재무적 요소를 포함해 다양한 방법을 통해 진행되는데, 기업 가치평가의 일반적인 절차와 단계는 다음과 같다.

1. 목표 설정 및 평가 기준 정립

가장 첫 번째 단계는 기업 가치를 평가하려는 목표와 평가 기준을 설정하는 것이다. 평가 기준에 따라 기업 가치평가방법이 달라질 수 있다. 신규 투자 유치, 기업 매각, 인수합병(M&A)등 다양한 상황에 따라 목표가 달라진다. 예를 들어, M&A를 위해 기업 가치를 평가하는 경우, 인수자가 해당 기업의 미래 수익성과 리스크를 중요하게 평가하게 된다.

2. 기업의 재무 정보 수집 및 분석

기업 가치를 평가하기 위해서는 먼저 기업의 재무 상태를 파악해야 한다. 이를 위해 과거 재무제표 및 미래 예측을 분석한다. 재무제표에는 기업의 수익성을 볼 수 있는 손익계산서 기업의 자산, 부채, 자본의 구조를 분석한 재무현황표, 현금흐름을 분석해 기업이 현금을 어떻게 운영하는지 파악할 수 있는 현금흐름표 등이 있다.

이를 통해 미래 수익성과 현금흐름 예측을 할 수 있다. 기업이 향후 몇 년간 생성할 현금흐름과 수익성을 예측할 수 있으며. 이를 통해 미래 가치를 계산하는 데 중요한 기초 자료를 마련되게 된다.

3. 기업 가치평가방법 결정

기업 가치는 다양한 방법으로 평가할 수 있다. 상황에 맞는 적합한 방법을 선택해야 한다. 이는 대체로 기업과 협의하되, 투자자 측에서 정하게 된다. 그 방법에는 다음과 같은 것들이 있다.

- 할인된 현금흐름법(Discounted Cash Flow, DCF)
- 비교 기업 분석법(Comparable Company Analysis)
- 자산 기반 평가법(Asset-Based Valuation)
- 배당 할인 모델(Dividend Discount Model, DDM)

4. 위험 분석 및 감정

기업 가치평가에는 위험 분석이 중요하다. 기업이 직면할 수 있는 시장 위험, 재무적 위험, 운영적 위험 등을 평가해 할인율을 조정하거나 평가 모델에 반영하게 된다. 예를 들어, 경영 전략의 실패, 시장 변동성, 법적 규제 변화 등 다양한 위험요소를 고려하게 된다. 이때 경영자나 투자자는 지나치게 낙관적인 전망을 피하고 보수적으로 미래 현금흐름을 예측해야 한다.

5. 결과 도출 및 의사결정

마지막 단계는 다양한 방법을 통해 계산한 기업 가치를 기반으로 결과를 도출하고, 이를 투자자나 경영진이 의사결정에 활용하는 것이다. 기업 가치가 예상보다 높거나 낮을 경우 그 이유를 파악하고, 이를 바탕으로 전략적 조정이 필요할 수 있다.

6. 보고서 작성 및 발표

기업 가치평가가 완료되면, 결과 보고서를 작성해 이해관계자들에게 전달한다. 보고서는 평가방법, 가정사항, 위험 분석 등을 명확히 설명하고, 기업 가치가 어떻게 산출되었는지를 보여주게 된다. 투자자나 경영진은 이 보고서를 바탕으로 기업의 미래 전략을 결정하고, 투자 또는 매각 결정을 내릴 수 있다.

 # 기업 가치평가를 위한 자료

　기업은 투자 의사결정, M&A(인수합병), 세금 계획, 경영전략 수립 등 중요한 이유를 가지고 시간과 자금을 들여 기업 가치평가를 하게 된다. 이때, 보다 객관적이고 세밀한 평가를 위해 기업은 제삼자에게 이 과정을 맡기게 되는 경우가 많으며, 기업 내부에서 외부에 공개되지 않았던 많은 자료가 제공되어야 하는 경우가 생긴다. 물론 회사 기밀자료까지 공개해야 하는 것은 아니지만, 조금 더 정확한 가치평가를 하기 위해 기업의 여러 문서와 자료들이 필요하게 된다.

　기업 가치평가 자료는 대개 기본 정보, 재무 분석, 평가방법 등을 포함하고 있으며, 상황에 맞는 평가 목적에 따라 내용이 달라질 수 있다. 기업 가치평가에 필요한 기본적인 문서와 자료들은 대략 다음과 같다.

1. 회사 일반 자료
① 정관
② 등기부등본
③ 사업자등록증 사본
④ 최근 3개년 이상 감사보고서 및 결산서(분기 재무제표 자료 및 검토보고서)

포함)

⑤ 사업보고서 및 영업보고서

⑥ 경영진 및 주주 현황

⑦ 조직도 및 인력 현황

⑧ 생산설비 현황

⑨ 보유기술 관련 자료

2. 산업 및 사업 관련 자료

① 사업계획서(매출, 원재료 조달 계획, 투자 계획, 인력 충원 계획, 자금조달 방법 등 포함)

② 시장 분석 자료 및 경쟁사 정보

③ 주요 제품 또는 서비스 관련 자료

④ 매출처 및 매입처 현황

⑤ 계약서(주요 계약, 기술 제휴 계약 등)

3. 재무 관련 추가 자료

① 인건비 예측 자료

② 퇴직금 지급 규정 및 추계액 명세서

③ 이자수익 및 이자비용 추정 자료

④ 투자 주식별 지분율 및 투자 회사의 최근 재무 자료

⑤ 세무조정계산서 전체(최근 3개년)

⑥ 최근 결산일 이후의 가결산 재무제표

⑦ 법인이 보유 중인 부동산 등기부등본 및 장부가액

4. 기타

① 주주명부

② 개인정보 및 과세정보 동의서(참여 연구원)

③ 국세 및 지방세 완납 증명서

④ 중소·중견기업 확인서(해당 시)

시드 투자와 시리즈 투자

시드 투자(Seed Investment)와 시리즈 투자(Series Investment)는 스타트업이나 초기 기업이 자금을 조달하는 두 가지 주요 방법으로, 각각 기업의 성장 단계에 따라 다르다. 이 두 가지 투자는 투자자가 기업에 자금을 투자해 기업의 가치를 높이고 성장 가능성을 도모하는 과정에서 중요한 역할을 한다.

1. 시드 투자(Seed Investment)

시드 투자는 스타트업의 가장 초기 단계에서 이루어지는 자금조달 방식이다. 이 단계에서는 기업이 아이디어나 초기 제품 개발 단계에 있으며, 시장에서 실험적인 사업을 진행 중일 수 있다. 시드 투자자는 주로 기업의 개념 증명(Proof of Concept)을 위한 자금을 제공한다.

① 초기 기업 단계 : 시드 투자는 일반적으로 창업 초기 또는 아이디어 구상 단계에서 이루어진다. 이 시점에서는 제품 개발이 시작되었거나 초기 시장 테스트를 진행하고 있을 수 있다.

② 투자액 : 시드 투자의 규모는 보통 적은 금액(약 수백만 원에서 수십억 원)으로 시작된다. 이 금액은 창업자가 사업을 시작하고 개발할 수

있도록 도와주는 자금이다.

③ 투자자 유형
- 엔젤 투자자(Angel Investors) : 개인 투자자로, 대개 창업자와의 네트워크나 개인적인 관심을 바탕으로 투자한다.
- 시드 펀드(Seed Funds) : 전문적인 벤처캐피탈 펀드나 초기 스타트업에 특화된 투자자들이 시드 단계에서 투자할 수 있다.
- 가족과 친구들 : 초기 단계에서 창업자는 종종 가족이나 친구들에게 자금을 요청할 수도 있다.

④ 시드 투자의 목적
- 아이디어 검증 : 스타트업이 아이디어나 기술을 검증하고 개념을 시장에 적합한 형태로 발전시킬 수 있도록 지원한다.
- 프로토타입 개발 : 시드 투자 자금은 주로 제품의 프로토타입 개발, 시장 조사, 초기 마케팅 활동 등에 사용된다.
- 팀 구성 : 기업은 시드 투자 자금을 통해 핵심 팀을 구축하고, 사업을 진행할 인재들을 채용한다.

⑤ 시드 투자에서의 리스크
- 고위험 투자 : 시드 단계의 기업은 대부분 수익 모델이 확립되지 않거나 시장에서의 검증이 부족하므로, 투자가 실패할 확률이 상대적으로 높다.
- 비즈니스 모델 불확실성 : 이 시점에서는 창업자가 제시한 아이디어가 실제로 시장에서 성공할 수 있을지 여부가 확실하지 않기 때문에, 투자자에게는 큰 리스크가 따른다.

⑥ 시드 투자의 기대 수익 : 높은 리스크에도 불구하고, 시드 투자자는 미래의 큰 성장을 기대하고 투자한다. 만약 스타트업이 성공적으로 성장한다면, 초기 투자자는 높은 수익을 올릴 수 있다.

2. 시리즈 투자(Series Investment)

시리즈 투자는 시드 투자가 완료된 후, 스타트업이 사업을 성장시키기 위해 추가로 자금을 조달하는 단계다. 시리즈 투자는 보통 시리즈 A, B, C 등으로 나누어지며, 각 시리즈 단계는 기업이 성장하는 과정에 따라 다르다.

시리즈 A 투자는 스타트업이 시드 투자 이후 성장 가능성을 입증하고, 초기 비즈니스 모델이 성공적으로 작동하고 있다는 것을 증명한 후에 이루어진다. 이 시점에서는 제품이 시장에 출시되어 첫 번째 매출을 발생시키고 있을 가능성이 크다. 자금을 활용해 사업 확장, 시장 점유율 증가, 고객 확보, 팀 확장 등을 목표로 하며, 주로 벤처캐피탈(VC)이나 전문 투자자들이 참여한다. 이들은 기업의 비즈니스 모델이 성공 가능성이 있다고 판단하고, 조금 더 큰 규모의 자금을 투자한다.

시리즈 B 투자는 스타트업이 시장에서 입지를 확립하고, 사업 모델이 더욱 검증되어 규모 확장을 목표로 할 때 이루어진다. 이때는 제품이 더 넓은 시장에 출시되고, 고객 기반 확대와 수익 창출에 집중한다. 시리즈 C 투자는 기업이 글로벌 확장을 목표로 하거나, 상장을 준비하는 단계에서 이루어지며, 사업이 성숙기에 접어들고 있다. 이 시점에서는 매출과 수익이 상당히 안정적이고 예측 가능하게 된다.

시리즈 A 투자에서 시작해, 시리즈 B, C 투자로 갈수록 투자액이 커지며, 수백만에서 수십억 달러에 달하는 규모의 투자가 이루어질 수 있다. 시리즈 투자 단계는 스타트업의 성장단계에 따라 다릅니다. 시리즈 A는 초기 확장에 집중하고, 시리즈 B, C는 고도 성장과 글로벌 확장에 집중한다.

시리즈 A부터 C까지의 투자는 주로 벤처캐피탈 회사가 주도하며, VC는 대규모 자금을 투입해 기업의 성장과 확장을 돕는다. 시리즈 C 단계에서는 대기업이나 기업 인수합병(M&A)을 고려하는 투자자들이 참여할 수도 있다. 시리즈 A 이후 기업은 시장에서 경쟁이 치열해지며, 성장 가능성을 입증하고 확장성을 보여줘야 하며, 시리즈 A 이후에도 비즈니스 모델이 지속 가능하고 확장 가능한지 계속해서 검증해야 한다.

시리즈 투자자는 기업이 더 큰 시장 점유율을 확보하고, 수익성을 높여가는 과정을 통해 상장(IPO)이나 M&A를 통해 큰 수익을 올리려는 기대를 가지고 투자한다.

구분	시드 투자(Seed Investment)	시리즈 투자(Series Investment)
기업단계	아이디어 또는 초기 제품 개발 단계	시장에서 제품을 출시하고 성장하는 단계
투자 목적	사업 아이디어 검증 및 초기 제품 개발에 필요한 자금 제공	비즈니스 확장, 시장 점유율 확대, 팀 구성 등의 자금조달
투자자	엔젤 투자자, 시드펀드, 가족 및 친구	벤처캐피탈, 기업 투자자 등
투자 금액	소규모(수천만 원에서 수십억 원)	대규모(수십억 원에서 수백억 원)
투자 리스크	매우 높은 리스크, 사업 모델 검증 전	성장 가능성 입증 후 리스크는 낮지만 여전히 존재
기대수익	높은 성장 가능성에 따른 높은 수익 가능성	사업 확장과 성숙기에 따른 수익성 증가 기대

 **투자 조건과 텀시트**

투자 조건 텀시트(Term Sheet)는 벤처 투자, 스타트업 투자 등에서 투자자와 피투자 간의 주요 투자 조건에 대한 합의 내용을 담은 비구속적(Non-binding) 문서다. 법적 구속력은 없지만, 향후 투자 계약서 작성의 기준이 되며, 투자 협상의 중요한 출발점이 된다.

텀시트는 투자자와 피투자자 간의 주요 조건에 대한 공통된 이해를 형성하고, 향후 협상의 방향을 제시하며, 투자 계약서 작성 전에 주요 쟁점을 미리 합의함으로써 불필요한 시간과 비용 낭비를 줄일 수 있게 해 준다. 그리고 투자 조건에 대한 명확한 합의는 투자 실행 후 발생할 수 있는 갈등을 예방하는 데 도움이 되기도 한다. 또한 명확하고 합리적인 텀시트는 피투자 기업의 신뢰도를 높여 투자 유치 성공 가능성을 높일 수 있게 해 준다. 텀시트는 비구속적 문서이지만, 신의성실의 원칙에 따라 협상에 임해야 하며, 그 내용을 충분히 이해하고, 필요하다면 법률 전문가의 자문을 받는 것이 좋고, 텀시트 단계에서 모든 세부 조건을 명확히 합의하기는 어렵지만, 주요 쟁점 사항은 충분히 논의해야 한다.

텀시트는 투자 건별로 다양한 내용을 포함할 수 있지만, 일반적으로 다음과 같은 핵심적인 조건들을 담고 있다.

1. 투자 금액 및 지분율
- 투자자가 투자할 총금액
- 투자 후 투자자가 확보하게 될 회사의 지분율
- 투자 후 회사의 총 발행 주식 수 및 주주 구성

2. 주식의 종류 및 조건
- 보통주, 우선주 등 투자받을 주식의 종류
- 우선주의 경우, 배당 우선권, 잔여재산 분배 우선권, 전환권, 상환권, 의결권 제한 등 특별한 권리 조건

3. 기업 가치평가(Valuation)
- 투자 전 기업 가치(Pre-money Valuation)
- 투자 후 기업 가치(Post-money Valuation)
- 기업 가치 산정 방식에 대한 간략한 언급

4. 투자 조건
- 자금 사용 목적 : 투자받은 자금을 어디에 사용할 것인지 명시
- 이사회 구성 및 참여 : 투자자의 이사회 참여 여부 및 이사 지명권

5. 주요 의사결정 사항에 대한 동의권
- 투자자가 회사의 중요한 경영 사항에 대해 거부권을 행사할 수 있

는 조건

6. 정보 접근권
- 투자자가 회사의 재무 정보 등에 접근할 수 있는 권리

7. 경업 금지 의무
- 창업자 및 주요 주주의 경쟁 사업 참여 금지 의무

8. 주주 간 계약 조건
- 투자 계약서에 상세히 명시될 내용의 주요 골자

9. 동반 매도권(Drag-along)
- 다수의 주주가 회사를 매각할 때 소수 주주도 함께 매각에 응해야 하는 조건

10. 동반 매수권(Tag-along)
- 소수 주주가 보유한 주식을 다수 주주와 동일한 조건으로 매각할 수 있는 권리

11. 우선매수권
- 기존 주주가 제삼자에게 주식을 매각하기 전에 다른 기존 주주에게 먼저 매수 기회를 제공해야 하는 조건

12. 희석 방지 조항

- 향후 낮은 가격으로 신주가 발행될 경우 투자자의 지분율을 보호하는 조항

13. 수수료 및 비용 부담

- 투자 자문 수수료, 법률 자문 비용 등을 누가 부담할 것인지 명시

14. 비밀 유지 의무

- 투자 협상 과정에서 얻게 된 정보를 외부에 유출하지 않아야 하는 의무

15. 향후 일정

- 투자 계약서 체결 및 투자 실행 예상 시점

16. 구속력 부인 조항(Non-binding Clause)

- 텀시트의 법적 구속력이 없음을 명확히 명시

[투자 조건 요약사례]

① 투자 금액 : 5,000백만 원

② 투자 상품 : 상환전환우선주(RCPS)

③ 만기조건 : 10년

④ 상환시기 : 발행 후 3년 이후부터 만기일까지

⑤ 만기보장 금리 : 연 복리 3%

⑥ 최저배당률 : 액면가 기준 10%

⑦ 주당 발행가격 : 100,000만 원(액면가/15배수 할증)

⑧ 의결권 : 있음.

⑨ 신주인수권 : 유·무상 증자 시에 같은 종류의 주식으로 배정받을 권리가 있음.

⑩ 보통주 전환조건 : 발행일 이후부터 만기일까지 보통주로 1:1 전환 가능함. 단, 다음과 같이 전환 비율 조정특약에 해당하는 경우는 전환가격을 조정함.

⑪ 전환비율 조정특약 : 전환청구 전에 최초 발행가액보다 낮은 가격으로 유상증가, 전환사채발행, 신주인수권부사채 발행 등이 있을 경우, 해당 가격으로 하향 조정함.

주식 시장 상장(또는 M&A 사유 발생) 시 공모가격(또는 합병가격)이 확정되는 경우, 확정된, 공모가격(또는 합병가격)의 80%에 해당하는 가격과 조정 후 전환가격을 비교해 더 낮은 가격으로 전환가격을 조정함.

 **펀딩과 인베스팅**

'펀딩(Funding)'과 '인베스트먼트(Investment)'는 둘 다 자금을 투입해 목표를 달성하는 과정과 관련이 있지만, 그 의미와 맥락에서 차이가 있다.

펀딩은 일반적으로 자금을 조달하는 행위다. 이는 창업자나 기업이 사업을 시작하거나 성장시키기 위해 필요한 자금을 모으는 과정이다. 펀딩은 정부 보조금, 개인 투자자, 벤처캐피탈, 크라우드 펀딩 등 다양한 출처로부터 제공될 수 있다. 그리고 자금을 받는 측에서 자금을 활용해 특정 목표나 프로젝트를 달성하려는 경우가 많다. 예를 들어, 크라우드 펀딩에서는 개인들이 소액을 투자해 프로젝트가 실행될 수 있도록 돕게 된다.

인베스트먼트 또한 자금을 특정 자산이나 기업에 투자해 이익을 얻기 위한 행위이지만, 이는 자본을 더 큰 수익을 목표로 투입하는 것을 의미하며, 투자자는 주식, 부동산, 채권, 스타트업 등 다양한 자산군에 투자할 수 있다. 투자자는 자금을 투입하고 그 대가로 배당금, 주식 가치 상승 등 미래의 수익을 기대한다. 여기에는 위험이 동반되는데, 예를 들어 주식 시장에 투자하면 기업의 성장에 따라 자산 가치가 오를 수 있지만,

반대로 하락할 수도 있는 것이다. 일반적으로 인베스트먼트는 상장된 기업, 부동산 등 특정 자산군을 대상으로 하며, 그 대가로 자산의 일정 비율을 소유하거나 수익을 분배받게 된다.

결국, 펀딩은 주로 자금을 조달하는 행위에 초점이 맞춰져 있고, 인베스트먼트는 자산에 투자해 이익을 얻는 행위다. 그리고 펀딩은 주로 개인이나 기업이 자금을 필요로 할 때 사용되며, 인베스트먼트는 자산을 확장하거나 이익을 얻기 위한 자금 투입이다. 펀딩은 자금을 제공하는 사람이나 기관이 고정된 조건으로 자금을 제공하는 경우가 많고, 인베스트먼트는 자산의 가치가 변동하며 위험이 따른다. 따라서 펀딩은 사업의 초기 자금을 조달하는 방법이라면, 인베스트먼트는 이미 존재하는 자산이나 사업에 자금을 투입해 수익을 얻는 방법이라고 볼 수 있다.

IR 자료 목록

IR(Investor Relations)자료는 투자자들에게 기업의 경영 현황과 재무 상태, 전략 등을 제공해 투자 결정을 지원하는 중요한 문서다. 이 자료들은 투자자들에게 기업의 가치, 성과, 미래 성장 가능성 등을 명확하게 전달하는 데 사용된다. IR 자료는 기업의 투명성을 높이고 투자자와의 신뢰를 구축하는 데 중요한 역할을 한다.

다음은 일반적으로 포함되는 IR 자료 목록이다.

1. 기업 개요 및 사업 모델

① 회사 개요 : 현황, 연혁, 자본금, 주주 구성, 비전, 사업개요, 조직·인력, 지적재산권

② 주요 경영진 소개 : CEO, CFO 등 주요 경영진 및 그들의 경력

③ 시장 및 산업 분석 : 제품 특성, 산업 특성, 시장 분석, 사업 현황, 전망, SWOT 분석, 진입장벽

④ 사업 모델 : 기업이 수익을 창출하는 방식에 대한 설명(예 : 제품 판매, 서비스 제공 등)

⑤ 주요 기술, 제품, 서비스 소개 : 기술, 제품, 서비스, 비즈니스 등 기업의 핵심역량 차별성, 경쟁 우위 등 설명
⑥ 사업추진전략 : 기존고객, 잠재고객, 타깃고객, 마케팅전략, 생산, 판매, 설비 투자, 인원, 조직
⑦ 재무계획 : 3~5개년 추정 손익계산서, 품목별 추정매출액, 거래처별 세분화 등
⑧ 투자 제안 : 유치금액, 자금용도, 주당 단가, 투자 방법 등

2. 주요 재무지표 및 성과

① 재무제표 요약
  - 손익계산서(Income Statement) : 매출, 비용, 이익 등 기업의 수익성 지표
  - 대차대조표(Balance Sheet) : 자산, 부채, 자본 등의 재무 상태
  - 현금흐름표(Cash Flow Statement) : 기업의 현금흐름에 대한 분석

② 핵심 재무지표
  - 매출성장률 : 매출의 연간 성장률
  - 순이익 : 순이익과 그 변화 추이
  - EBITDA : 세전, 이자, 감가상각, 세금 차감 전 이익
  - 주당순이익(EPS) : 주식 1주당 순이익
  - ROE(자기자본이익률) : 자기자본에 대한 수익률
  - 부채비율 : 자본에 대한 부채의 비율
  - 유동비율 : 단기 부채 지급 능력

3. 경영 전략 및 미래 계획

① 전략적 목표 : 기업이 설정한 중장기 전략과 목표

② 성장 전략 : 시장 확대, 제품 혁신, 해외 진출 등 성장 방안
③ 위험 관리 : 기업이 직면한 주요 리스크와 이에 대한 대응 전략
④ R&D 투자 : 연구개발 투자 계획과 혁신을 위한 전략
⑤ 지속 가능한 성장 전략 : 환경, 사회적 책임, 거버넌스(ESG) 관련 전략

4. 투자자 프레젠테이션 자료

① IR 프레젠테이션 : 투자자 대상 발표용 프레젠테이션 자료. 기업 개요, 전략, 재무 현황 등
② Q&A 세션 자료 : 투자자들과의 질의응답을 대비한 자료

5. 주식 및 주주 정보

① 주식 구조 : 주식 발행 현황, 주요 주주 목록
② 주식 가치 및 분석 : 주식의 최근 거래 가격, P/E 비율, 시장에서의 평가
③ 주주 활동 : 주요 주주의 변화, 주주총회에서의 주요 논의 사항

6. 위험요소 및 경영 환경 분석

① 산업 및 시장 동향 : 주요 산업 동향, 시장 경쟁 상황 등
② 정책 및 규제 변화 : 기업에 영향을 미치는 주요 법적, 정책적 변화
③ 경쟁사 분석 : 주요 경쟁사와의 비교 분석, 기업 위치

7. 기업 ESG(환경, 사회, 지배구조) 보고서

① 환경 보고서 : 환경 보호 및 지속 가능성 관련 활동
② 사회적 책임 : 기업의 사회적 책임 및 사회 공헌 활동

③ 지배구조 : 기업의 거버넌스, 이사회 구조, 윤리적 경영 방침

8. 분기 및 연간 실적 발표 자료
① 분기 보고서 : 분기마다 발표되는 재무 성과, 주요 성과 지표
② 연간 보고서 : 연간 실적, 경영 전략, 주요 이벤트, 재무 분석 등

9. 투자 하이라이트(Highlight) 및 엑시트 전략
① 투자 하이라이트 : 투자를 통한 회수 전략 등
② 인수합병 진행 상황 : M&A 관련 발표 자료, 거래 조건, 이유
③ 합병 후 시너지 효과 : M&A 후 예상되는 시너지 효과와 기업 가치 증가 가능성

10. 분석 기관 보고서
① 애널리스트 보고서 : 외부 애널리스트가 작성한 기업 분석 보고서
② 투자 의견 및 평가 : 주식의 매수/매도/유지 의견과 그 근거

투자 계약서 목차

제1장 신주의 인수에 관한 사항
제1조 신주의 발행사항
제2조 투자의 선행
제3조 진술과 보장
제4조 거래완결일 전 해제
제5조 거래의 완결

제2장 종류 주식(우선주)의 내용
제6조 의결권에 관한 사항
제7조 배당에 있어서 우선권에 관한 사항
제8조 청산잔여재산분배에 있어서 우선권에 관한 사항
제9조 전환권에 관한 사항
제10조 상환권에 관한 사항
제11조 신주인수권에 관한 사항

제3장 거래완결 후 회사 경영에 관한 사항
제12조 투자금의 용도 및 제한
제13조 기술의 이전, 양도, 겸업 및 신회사 설립 제한
제14조 임원의 지명

제15조 경영사항에 대한 동의권 및 협의권
제16조 보고 및 자료제출
제17조 증자 참여의 우선권에 관한 사항
제18조 기업공개 및 M&A에 관한 사항
제19조 주식매수선택권의 부여
제20조 주주총회 및 이사회 개최 요구
제21조 회계 및 업무감사, 시정조치

제4장 거래완결 후 지분의 처분에 관한 사항
제22조 투자자의 주식처분
제23조 이해관계인의 주식 처분
제24조 투자자의 우선매수권(Right of First Refusal)
제25조 공동매도참여권(Tag-along)

제5장 계약 위반에 대한 책임
제26조 주식매수청구권
제27조 위약벌 및 손해배상 청구
제28조 지연배상금
제29조 이해관계인의 책임

제6장 계약의 일반 사항
제30조 본 계약의 효력
제31조 계약의 종료
제32조 계약의 내용변경
제33조 권리 및 의무의 양도, 승계
제34조 통지

별지1 진술과 보장
별지2 투자금의 사용용도 및 실사 약정
(첨부) 퇴사 제한 및 경업 금지 약정서

[계약서 사례-신주의 종류 및 내용]

1. 본건 신주의 종류
전환우선주식(이하 '본건 종류 주식')

2. 1주당 액면가액
금 000원

3. 의결권에 관한 사항
① 본건 신주의 의결권은 1주마다 1개로 한다.
② 본건 종류 주식에 불리한 주주총회 결의 등이 있는 때에는 전체 주주총회와 별도로 그 안건에 대해 본건 종류 주식의 종류주주총회 결의를 거쳐야 한다.

4. 존속기간에 관한 사항
① 본건 종류 주식의 존속기간은 효력발생일로부터 [   ]년으로 한다.
② 본건 종류 주식은 존속기간 내에 보통주식으로 전환되지 아니한 경우 존속기간 만료 다음 날 별도의 절차 없이 보통주식으로 전환된다.

5. 신주인수권에 관한 사항
본건 종류 주식은 보통주식과 동등한 신주인수권이 있으며, 무상증자의 경우에는 본건 종류 주식과 같은 종류의 종류 주식으로, 유상증자의 경우에는 회사가 발행하기로 한 종류의 주식으로 배정받을 권리가 있다.

6. 배당에 있어서 우선권에 관한 사항

① 본건 종류 주식은 참가적, 누적적 우선주로서, 본건 종류 주식의 주주는 본건 종류 주식을 보유하는 동안 1주당 액면가액을 기준으로 연 [ ]%에 해당하는 배당금을 누적적으로 우선해 배당받고, 보통주식의 배당률이 본건 종류 주식의 배당률을 초과할 경우에는 초과하는 부분에 대해 보통주식과 동일한 배당률로 함께 참가해 배당받는다.

② 주식배당의 경우 종류 주식과 보통주식을 합한 발행주식총수에 대한 비율에 따라 같은 종류의 종류 주식 주식으로 배당을 받을 권리를 갖는다. 단, 단주가 발생하는 경우에는 현금으로 지급받는다.

③ 배당금의 지급시기를 주주총회에서 따로 정하지 아니한 경우 회사는 주주총회에서 재무제표의 승인 및 배당결의가 있은 날로부터 1개월 이내에 본건 종류 주식의 주주에게 배당금을 지급해야 한다.

④ 본건 종류 주식의 전부 또는 일부에 대해 전환권이 행사된 경우, 전환된 주식에 대해 전환 전까지의 기간 동안 배당결의되었으나 그 배당금이 지급되지 아니했다면 동 미지급 배당금에 해당하는 금액을 회사가 당해 주식의 주주에게 별도로 지급하기로 한다.

7. 잔여재산 분배에 있어서 우선권에 관한 사항

① 본건 종류 주식은 잔여재산 분배에 있어서 우선적 지위가 부여된 종류 주식으로서, 본건 종류 주식의 주주는 회사가 청산에 의해 잔여재산을 분배하는 경우 1주당 발행가액 및 이에 대해 연 [ ]%의 비율로 계산한 금액을 보통주식 주주에 우선해 분배받는다. 이 경우 청산 이전까지 미지급 배당금이 있는 경우 동 금원에 대해도 동

일하다.

② 본건 종류 주식의 주주에 대해 잔여재산을 우선 분배한 후 보통주식에 대한 주당 분배금액이 본건 종류 주식에 대한 주당 분배금액을 초과하는 경우에는, 본건 종류 주식의 주주는 그 초과하는 부분에 대해 보통주식의 주주와 동일한 분배율로 함께 참가해 잔여재산을 분배받을 권리가 있다.

8. 전환에 관한 사항

① 본건 종류 주식의 주주는 효력발생일로부터 [ ]년이 경과하는 날의 전날까지 본건 종류 주식을 언제든지 보통주식으로 전환할 수 있는 권리를 갖는다.

② 본건 종류 주식의 전환절차는 다음 각 호에 따른다.

가. 본건 종류 주식의 주주는 전환하고자 하는 주식의 종류 및 수, 청구연월일을 기재해 기명 또는 서명날인한 전환청구서 2통 및 주권이 발행된 경우 주권을 첨부해 회사에 제출한다.

나. 본건 종류 주식의 전환은 본건 종류 주식의 주주가 제1호에 따라 전환청구서 및 전환될 본건 종류 주식의 주권이 제출된 날짜의 영업시간 종료 직전에 그 효력이 발생하는 것으로 본다.

다. 본건 종류 주식의 주주가 전환에 의해 보통주식을 부여받게 되는 경우 상기 제2호의 날짜를 기준으로 주주명부상의 주주로 간주된다.

라. 회사는 전환청구서 또는 전환될 본건 종류 주식의 주권을 인도받은 즉시 본건 종류 주식의 주주에게 그가 부여받을 권리가 있는 수만

큼의 보통주식에 대한 주권을 발행해 인도하는 등 주식 발행에 필요한 모든 절차를 이행해야 한다.

마. 본건 종류 주식의 전환조건은 다음 각 호에 따른다.
- 본건 종류 주식 1주의 전환으로 인해 발행되는 보통주식 수(이하 '전환비율')는 1주이며, 보통주식의 발행가액(이하 '전환가액')은 본건 종류 주식의 1주당 발행가액으로 한다.
- 본건 종류 주식의 전환 전에 회사가 발행한 신주의 발행가액, 전환사채의 전환가액, 신주인수권부사채의 신주인수권 행사가액이 그 당시 본건 종류 주식의 전환가액을 하회하는 경우, 본건 종류 주식의 전환가액은 그 하회하는 가액으로 조정한다. 단, 주식매수선택권 행사에 따른 신주 발행의 경우에는 예외로 한다.
- 본건 종류 주식의 전환 전에 회사가 주식을 분할 또는 병합하는 경우 전환비율은 그 분할 또는 병합의 비율에 따라 조정된다. 단주의 평가는 주식의 분할 또는 병합 당시 본건 종류 주식의 전환가격을 기준으로 한다.
- 본건 종류 주식의 전환 전에 회사가 무상감자를 하는 경우 전환비율은 그 감자의 비율에 따라 조정한다. 단, 경영과실 등의 사유로 특정 주주에 대해서만 차등적으로 무상감자를 하는 경우에는 전환비율을 조정하지 않는다.
- 회사의 IPO 공모단가의 70%에 해당하는 금액이 그 당시의 본건 우선주식의 전환가액을 하회하는 경우, 본건 종류 주식의 전환가액을 회사의 IPO 공모단가의 70%에 해당하는 금액으로 조정한다.
- 회사가 타사와 합병 시 교환비율 산정을 위한 평가가액이 그 당시

본건 종류 주식의 전환가격을 하회하는 경우, 본건 종류 주식의 전환가격을 그 평가가액으로 조정한다.

– 회사는 본건 종류 주식의 전환 전까지 회사가 발행할 주식의 총수(이하 '수권주식')에 본건 종류 주식의 전환으로 발행 가능한 주식 수를 유보해야 한다. 만약, 회사의 잔여 수권주식 수가 본건 종류 주식의 전환으로 발행 가능한 주식 수에 미치지 못하게 되는 경우에는 지체 없이 수권주식 수를 증가시켜야 한다.

– 전환주식의 발행, 전환의 청구, 기타 전환에 관한 사항은 상법 제346조 또는 제351조의 규정에 따른다. 단, 전환권을 행사한 종류 주식 및 전환으로 발행된 신주의 배당에 관해서는 그 청구가 속하는 영업연도의 직전 영업연도 말에 전환된 것으로 본다.

 **주식 종류별 투자 방법**

주식은 발행 주체의 성격, 주주의 권리 내용 등에 따라 다양한 종류로 나뉜다. 각 주식의 특징을 이해하고 투자 목표와 위험 감수 수준에 맞는 투자 방법을 선택하는 것이 중요하다.

1. 보통주(Common Stock)

가장 일반적인 형태의 주식으로, 의결권과 배당에 대한 권리를 가진다. 기업의 이익이 발생하면 배당을 받을 수 있으며, 주주총회에 참석해 기업 경영에 대한 의사결정에 참여할 수 있다. 보통주 투자에는 다음과 같은 방법이 있다.

① 가치 투자 : 기업의 내재 가치(수익성, 자산 가치, 성장 잠재력 등)가 시장 가격보다 저평가된 보통주를 장기적으로 보유하는 전략이다. 기업 분석 능력과 장기적인 관점이 중요

② 성장주 투자 : 높은 성장 잠재력을 가진 기업의 보통주에 투자하는 전략이다. 단기적인 변동성이 클 수 있지만, 장기적으로 높은 수익을 기대할 수 있다.

③ 배당 투자 : 꾸준히 배당금을 지급하는 기업의 보통주에 투자해 정기적

인 수입을 얻는 전략이다. 안정적인 현금흐름을 선호하는 투자자에게 적합하다.

④ 시장 추세 추종 투자 : 시장 전체 또는 특정 섹터의 상승 추세에 따라 보통주에 투자하는 전략이다. 기술적 분석 능력이 중요하다.

2. 우선주(Preferred Stock)

보통주보다 먼저 배당을 받을 권리(우선적 배당권)와 기업 청산 시 잔여 재산을 먼저 분배받을 권리(우선적 잔여재산분배권)를 가지는 주식이다. 일반적으로 의결권은 없거나 제한적인 경우가 많다. 우선주 투자에는 다음과 같은 방법이 있다.

① 안정적인 배당 수익 추구 : 보통주보다 높은 배당 수익률을 제공하는 우선주에 투자해 안정적인 수입을 얻는 전략

② 채권형 투자 : 의결권에는 관심이 없고 안정적인 배당 수익을 원하는 투자자에게 채권과 유사한 투자 방식으로 활용될 수 있다.

③ 전환우선주 투자 : 일정 조건에 따라 보통주로 전환할 수 있는 권리(전환권)가 부여된 우선주에 투자해, 보통주 상승 시 자본 이득까지 기대하는 전략이다.

3. 종류 주식(Classified Stock)

동일한 발행 주식 내에서도 주주에게 부여하는 권리 내용에 차이를 두어 발행하는 주식이다. 의결권 유무, 배당 우선순위, 전환권 유무 등에 따라 다양한 종류가 존재하며, 투자 방법에는 다음과 같은 것들이 있다.

① 의결권 차등 주식 투자 : 특정 주주에게 더 많은 의결권을 부여하는 주식으로, 경영권 방어 목적으로 발행되는 경우가 많다. 일반 투자자가

투자할 때는 의결권 제한 여부를 확인해야 한다.
② 배당 차등 주식 투자 : 배당금 지급 조건이나 금액에 차이를 두는 주식으로, 투자 목적에 따라 유리한 조건을 가진 종류 주식을 선택할 수 있다.
③ 전환·상환 종류 주식 투자 : 특정 조건 충족 시 보통주로 전환되거나 기업에 되팔 수 있는 권리가 부여된 종류 주식에 투자해 투자 유연성을 높이는 전략

4. 신주인수권부사채(BW, Bonds with Warrants)

채권과 주식을 특정 가격에 매수할 수 있는 권리(신주인수권)가 결합된 형태의 채권이다. 채권으로서의 안정적인 이자수익과 주가 상승 시 신주인수권 행사로 인한 자본 이득을 동시에 기대할 수 있으며, 그 투자 방법에는 다음과 같은 것들이 있다.

① 채권 투자와 주식 투자 병행 : 채권 투자로 안정성을 확보하고, 주식 시장 상황에 따라 신주인수권을 행사해 추가 수익을 추구하는 전략
② 워런트 분리 투자 : 신주인수권만 분리해 별도로 거래할 수 있으므로, 워런트 가격 변동에 따라 단기적인 투기적 거래를 할 수도 있다.

5. 전환사채(CB, Convertible Bonds)

일정 조건에 따라 발행 기업의 보통주로 전환할 수 있는 권리가 부여된 채권이다. 채권으로써 안정적인 이자수익과 주가 상승 시 전환권 행사로 인한 자본 이득을 동시에 기대할 수 있다는 점에서 신주인수권부사채와 유사하지만, 신주인수권은 분리해 거래할 수 없는 차이점이 있으며, 다음과 같은 방법으로 투자할 수 있다.

① 안정성과 성장성 추구 : 채권 투자로 하방 위험을 제한하고, 주가 상승

시 전환권을 행사해 추가 수익을 기대하는 전략

② 주가 변동성 활용 : 주가 상승 가능성이 높다고 예상되는 기업의 전환사채에 투자해 전환 차익을 얻는 전략

투자 심사보고서 내용

1. 회사 및 투자 개요

① 투자 개요

② 투자 조건

③ 회사 현황

④ 재무 현황 및 전망

⑤ 투자 수익성

⑥ SWOT 분석

⑦ 투자 포인트

2. 회사 현황

① 경영진 및 주요 인력 현황

② 자본금 변동내역

③ 차입금 내역

④ 제품 개요

3. 시장 분석

① 시장 현황

② 시장 규모

4. 사업성 및 수익성 분석

① 사업구조 분석

② 수익성 분석

③ 제품별 매출구성

④ 영업 현황 분석

5. 경쟁력 분석

① 제품 및 서비스의 장점

② 경쟁제품 비교

③ 지적재산권 및 인증내역

④ 경쟁사 현황

6. 재무 분석

① 주요 재무제표

② 회계투명성

7. 인적자원 분석

① 경영진 및 경영능력

② 조직구성 및 운영현황

8. 경영지원 및 엑시트(Exit) 계획

① 경영지원 계획

② 엑시트 계획

9. 종합의견

10. 첨부사항

① 주요 인력 현황 및 이력사항

② 주요 보유기술 및 지적재산권 현황

③ 레퍼런스 체크 내역

④ 준법감시 보고서

⑤ 주요 거래처 현황

⑥ 세무검토보고서

⑦ 법률검토보고서

⑧ 추정 재무제표

⑨ 밸류에이션 산정표(본질 가치, PER, DCF 등)

 **실사(Due Diligence) 자료**

1. 회사 기본 자료
- 사업자등록증
- 기업연혁 및 인증서
- 정관
- 법인등기부등본
- 이사회규정
- 주주명부
- 경영진 및 핵심인력 목록
- 조직도

2. 자본금 관련 자료
- 과거 3개년 자본금 변동현황
- 스톡옵션, 전환상환우선주, 전환사채 등 발행내역 및 계약서

3. 주주총회/이사회 관련 자료
- 과거 3개년 주주총회 안건 목록

- 과거 3개년 이사회 안건 목록

4. 재무 관련 자료
- 자산 및 부채 관련 결산명세서
- 차입금 목록 및 금융거래확인서
- 외부감사보고서

5. 영업 관련 자료
- 주요 매출처 리스트 및 매출액
- 회사에 대한 법적 규제 목록
- 회사의 제품 및 서비스와 관련한 라이선스 등

6. 경영진 및 특수관계자
- 관계회사 및 자회사 내역 및 재무 현황
- 과거 3개년 특수관계자와의 거래내역 및 채권채무잔액
- 임원퇴직금 규정
- 근로기준법과 상이한 퇴직금 규정
- 노동조합 또는 근로자단체와의 단체협약

7. 기술 및 환경 관련 자료
- 특허권 목록
- 환경규제 목록

8. 우발 사항

- 소송 현황 및 내역
- 국세, 지방세 및 4대 보험 납세 증명서
- 지급보증내역
- 담보 및 질권설정 자산내역
- 보험가입 목록

PER 방식의 공모가격 가치평가 예시

1. 비교회사 PER 산정_2023년 실적(예)

구분		A사	B사	C사	비고
당기순이익 (백만 원)(a)		5,000	4,000	6,000	
상장주식수(주)(b)		1,500,000	1,000,000	2,000,000	
주당순이익(원)(c)		3,333	4,000	3,000	(b)/(a)
기준주가(원)(d)		200,000	150,000	100,000	
PER	개별	60.0	37.5	33.3	(c)/(d)
	평균	43.6			

2. 비교회사 PER 산정_2024년 실적(예)

구분		A사	B사	C사	비고
당기순이익 (백만 원)(a)		6,000	5,000	7,000	
상장주식수(주)(b)		1,500,000	1,000,000	2,000,000	
주당순이익(원)(c)		4,000	5,000	3,500	(b)/(a)
기준주가(원)(d)		200,000	150,000	100,000	
PER	개별	50.0	30.0	28.6	(c)/(d)
	평균	36.2			

3. 비교가치 산정

구분	연도별 PER에 의한 가치		비고
	2023년	2024년	
추정 순이익(백만 원)		5,000	2026년 추정 당기순이익
할인율		30%	
추정순이익의 현가(백만 원)	2,500	3,500	각각 2년, 3년 현가할인
적용 주식 수(주)	5,000,000		
주당 순이익(원)	400	450	순이익을 주식 수로 나누어 산정
적용 PER(배)	43.6	36.2	
연도별 가치(원)	17,440	16,290	
가중평균 주가(원)	16,865		현가할인 후 실적을 1:1로 평균

4. 공모가격 결정

구분	PER지표 적용	비고
주당 평가가치	16,865	PER에 의한 산출
추정 시가총액	843억 원	평가가치×상장예정주식수

밸류에이션 기법

1. 자산 가치 기법
- 장부 가치 이용 : 북밸류(Book Value)
- 시장 평가가치 이용 : 공정 시장 가치(Fair Market Value)
- 청산 가치 이용 : 청산 가치(Liquidating Value)

2. 수익 가치 기법
- 현금흐름 이용 : DCF Model
- 회계상 이익 이용 : Dividend Discount Model

3. 옵션평가모형 기법
- 변동성 이용 : Black-Scholes Model

4. 상대평가모형 기법
유사회사의 주가 이용 : PER, PSR, EV/EBITDA, PBR
① PER=주가/주당순이익(EPS)
  - 주당 수익을 기준으로 가치평가

− 수익성을 중시하는 주식 시장의 특성에 부합하고, 직관적으로 이해가 용이함.

② EV/EBITDA
   − (시가총액+순부채)/(이자, 감가상각전이익)
   − 영업활동을 통해 창출한 현금흐름과 기업 재무상태를 반영하는 기업 가치를 활용해 총체적으로 평가

5. 자본 시장법 기법
- 본질 가치
- 상대 가치

6. 상속세 및 증여세법
- 순자산 가치
- 순손익 가치

내부수익률(IRR)

내부수익률(IRR)은 투자 의사결정에 사용되는 핵심 지표 중 하나로, 미래의 예상 현금 유입액의 현재 가치와 초기 투자 비용의 현재 가치를 같게 만드는 할인율을 의미한다. IRR은 투자로 인해 발생하는 순현재 가치(NPV)를 0으로 만드는 할인율이며, 그 특징들은 다음과 같다.

1. 투자 프로젝트 평가

기업은 새로운 사업, 설비 투자 등 다양한 투자 프로젝트를 고려할 때 IRR을 계산해 해당 프로젝트의 예상 수익성을 평가한다.

- 의사결정 기준 : 일반적으로 프로젝트의 IRR이 회사의 요구수익률(자본비용)보다 높으면 해당 프로젝트는 가치가 있다고 판단되어 채택될 가능성이 커진다.
- 수익성 비교 : 여러 개의 투자 프로젝트가 있을 때, IRR이 높은 프로젝트가 상대적으로 더 매력적인 투자안으로 간주 될 수 있다.

2. 자본 예산 책정

IRR은 기업이 제한된 자원을 효율적으로 배분하기 위한 자본 예산 책정 과정에서 중요한 역할을 한다. 각 프로젝트의 IRR을 비교 분석해 가장 높은 수익성을 제공하는 프로젝트에 우선적으로 투자할 수 있다.

3. M&A 및 사업부 매각

기업 인수합병(M&A)이나 특정 사업부 매각 시, 대상 또는 매각 대상의 미래 현금흐름을 추정하고 IRR을 분석해 거래의 타당성을 평가하는 데 활용될 수 있다.

4. 투자 수익성 평가

IRR은 투자 안건의 수익성을 백분율로 나타내어, 여러 투자 안건을 비교하거나 목표 수익률과 비교해 투자 여부를 결정하는 데 활용된다.

5. 화폐의 시간 가치 반영

IRR은 미래의 현금흐름을 현재 가치로 할인해 계산하므로, 화폐의 시간 가치를 고려한다.

6. NPV = 0

IRR은 순현재 가치(NPV)를 0으로 만드는 할인율이라는 점에서 NPV와 밀접한 관련이 있다.

벤처 투자 절차

투자자가 투자를 승인하는 데까지 걸리는 시간, 즉, 기업이 투자를 받는 데까지 걸리는 시간은 행정적으로 대략 2개월이 걸리며, 일반적으로는 6개월에서 10개월 정도의 시간이 소요된다. 그 과정은 다음과 같다.

1. 딜소싱(Deal Sourcing) 및 사전검토
- 발굴산업검색, 발굴산업현황 모니터링, 기업현황검토
- 투자 대상기업 및 산업에 대한 분석
- 투자 심사 진행 여부 의사결정

2. IR(Investor Relations)
- 사전검토 통과업체 IR개최
- 투자 심사 계속 추진 여부 의사결정

3. 예비 투자 심의위원회
- 예비 투자 심의보고서 작성(성장성, 투자 조건, 리스크, EXIT 방안 등)
- 최종 투자 심의위원회 진행 여부 결정

4. 실사(Due-Diligence)

- 실사 대상 사업 실사, 회계 실사, 법률실사, 레퍼런스 체크
- 외부 전문기관 활용(회계, 법무, 산업 등 전문가)

5. 최종 투자 심의위원회

- 계약서 검토
- 투자 여부 최종결정
- 의사록 작성

6. 투자 집행

- 투자 계약 체결
- 투자금 납입

7. 사후관리 및 회수

- 가치 제고 활동
- 상시 모니터링
- 회수 전략 수립
- 회수 승인 절차

상장 절차

대표적인 엑시트 방법 중, 하나는 상장(IPO)이다. 한국거래소(KRX)에서 안내하는 상장 절차와 일정은 다음과 같다.

1. 사전 준비

- 감사인 지정 : 금융감독원에 감사인 지정 신청
- 외부 감사 : 최근 사업연도 재무제표에 대한 감사
- 대표주관계약 체결 : 상장예비심사 준비기간을 고려해 체결
- 이사회개최 : 상장계획 확정 및 우리사주조합 결정 등
- 주주총회 개최 : 재무제표 승인과 정관변경 등
- 명의개서대행 계약 및 통일규격증권 발행 : 명의개서대행기관이 통일규격증권 발행 업무대행
- 상장예비심사 신청 계획 통보 : 신청 예정기한에 따른 통보기한 준수
- 재무제표 심사 및 회계감리 실시 : 최근 사업연도 감사보고서에 대한 재무제표 심사 및 회계감리 실시
- 주식 의무보유 : 최대주주 및 특수관계인의 보유주식 의무보유
- 우리사주조합 결정 : 조합총회 및 이사회 개최 후 지주관리위탁 계약

- 거래소 사전협의 : 심사 주요 쟁점 사항 사전협의

2. 상장예비심사 신청
- 상장예비심사신청서 및 첨부서류 제출

3. D+1~60
- 상장예비심사 : 상장 적격성 심사
- 상장예비심사 심의 : 상장공시의원회의 상장 적격성 심의
- 상장예비심사 결과통보 : 상장예비심사신청서 제출일로부터 45영업일 이내에 금융위와 상장신청인에게 통보

4. D+61
- 주식총액인수 및 모집매출 계약 체결 : 주식공모, 청약, 배정에 관한 사항 등

5. D+62
- 공모희망가격 결정 : 증권신고서, 예비투자설명서, 수요예측 등에 제시할 공모희망가격 결정

6. D+65
- 증권신고서 및 예비 투자 설명서 제출 : 증권신고서 효력 발생 후 청약 가능

7. D+81
- 증권신고서 효력 발생 : 증권신고서 수리일로부터 15영업일 경과
- 투자 설명서 비치, 교부 : 투자자에게 공람 및 교부

8. D+82~88
- 기업설명회(IR) 개최 : 수요예측 측정 투자자 대상 설명회 개최(약 1주일)

9. D+88
- 수요예측 공고 : 수요예측에 관한 사항 공고

10. D+89, 90
- 수요예측 실시 : 기관 투자자 수요예측, 공모가격 결정 및 배정준비 (2일)

11. D+92
- 공모가격 최종결정 : 수요예측결과를 참고해 대표주관사와 발행사가 협의해 결정

12. D+92, 93
- 공모가격 확정신고서/투자 설명서 제출 : 정정내용을 첨부해 청약 3일 전 제출

13. D+94
- 청약공고 : 청약에 관한 사항 신문 공고

14. D+94, 95
- 청약 : 대표주관회사 및 인수단에서 청약 접수(2일간)

15. D+98
- 배정결과 공고 : 배정결과 및 환불내역 공고(인터넷)
- 환불 및 추가 납입 : 배정결과에 따라 환불 및 추가 납입
- 주금 납입 : 신주모집금액의 주금납입
- 신규상장신청 : 주금납입일까지 상장신청서 및 첨부서류 제출

15. D+99
- 일괄예탁통지 : 한국예탁결제원 및 명의개서대리인에 일괄예탁통지
- 증자등기 : 자본금 증가에 관한 사항 등기(납입일 다음날 등기)
- 증권발행실적보고 : 금융위에 발행실적보고

16. D+102
- 신규상장 승인 통보 및 공시 : 신규상장 신청 후 상장 승인 여부 통지

17. D+105
- 매매거래 개시 : 상장승인일을 포함해 3영업일 이내에서 결정

상장 예비심사 신청 시 제출서류

1. 주권상장예비심사신청서
2. 신규상장신청인에 대한 재무서류(최근 3사업연도 개별 및 연결 재무제표와 그에 대한 감사인의 감사보고서와 상장예비심사를 신청한 사업연도의 개별 및 연결 반기 재무제표와 그에 대한 감사인의 검토보고서)
3. 법인등기부등본
4. 정관
5. 최근 사업연도말 현재 주주명부 및 소유자명세
6. 명의개서 대행 계약서 사본
7. 명목회사가 최대주주인 경우 명목회사 확인서
8. 자회사에 대한 2.의 서류
9. 일정요건충족 지주회사의 경우 지주회사 및 자회사의 향후 3사업연도 사업계획서 및 예상 수지계산서
10. 자회사의 법인등기부등본
11. 공정거래위원회에 신고한 신고서 사본 또는 금융위 인가서 사본
12. 최대주주 등이 소유하는 주식 등의 의무보유확약서 및 의무보유증명서류. 단, 의무보유 증명서류는 거래소가 상장예비심사 결과

를 통보한 날부터 3일 이내까지 제출 가능
13. 제삼자 배정방식 또는 최대주주 소유주식 취득 시 의무보유계약서 및 의무보유 증명서류. 단, 의무보유 증명서류는 거래소가 상장예비심사 결과를 통보한 날부터 3일 이내까지 제출 가능

투자 단계별 법적 유의점

　기업 입장의 투자 유치 또는 투자자 입방에서의 투자 발굴 단계에서 기업과 투자사는 모두 자기에 맞는 좋은 투자처 또는 좋은 기업을 찾으려고 노력하게 된다.

　투자 시장은 변동성이 커서 어떤 때는 투자 자금이 넘치지만 투자할 업체가 없고, 때로는 투자할 기업은 많은데 투자 자금이 부족한 경우가 생긴다. 다만, 상대적으로 기업의 숫자보다는 투자사의 숫자가 적으므로 투자 유치를 희망하는 기업은 그에 대한 준비도 잘해야겠지만, 전문지식이 투자사들에 비해 적기 때문에 법적인 문제도 스스로 또는 전문가의 도움을 받아서 꼼꼼히 챙겨야 한다.

　딜을 소싱하는 단계에서 어떤 투자사가 기업에 투자 의향을 가지고 온다면, 투자사들이 기업의 평판(Reputation)을 알아보듯이, 기업도 투자사의 적격성을 살펴봐야 한다. 투자사의 홈페이지는 물론이고 투자 회사와 투자 심사역에 대해서도 가능한 한 협회나 기관에 등록된 이력이나 실적 등을 잘 살펴봐서 회사와 맞는지 알아봐야 한다.

　외부에서 봤을 때는 별것 아닌 자료처럼 보일 수 있지만, 기업 내부에서 작성했거나 보유한 회사 자료는 제삼자에게 공개하기 곤란한 자료가 많다. 실질적으로 투자사가 기업의 기밀을 몰래 이용하려고 하거나 의도적으로 노출하는 경우는 많지 않다. 회사의 중요한 자료를 잠재 투자사들에 공개해야 하는 경우가 생긴다면, 비밀유지계약서(NDA)를 체결하는 경우가 많다. NDA에는 비밀정보에 대한 정의와 예외, 계약서의 효력 기간, 위반 시 손해배상 그리고 필요하다면 비밀정보에 대한 리스트까지도 첨부하는 때도 있다.

기초검토가 완료되어 기업과 투자사 간 미팅 약속이 정해지면, 기업은 잠재 투자사에 IR을 하게 된다. 보통 1~2시간의 미팅이 이루어지는데 이때, 기업은 회사의 일반적인 내용과 비즈니스 모델, 시장과 산업에 대한 현황과 분석, 그 속에서의 경쟁력과 진입장벽, 매출과 이익, 사업목표 등의 재무계획 등을 포함해 발표하고 이에 대해 서로 궁금한 점에 관해 묻고 답하는 시간을 갖는다.

IR을 통해서 투자 여부에 대한 기본의사가 결정되면 투자 심사와 투자 협상의 단계를 거치게 되는데, 이때 주요 투자 조건에 대한 텀시트(Term Sheet)를 주고받으며, 상호 간의 생각과 계획을 확인하며 절충점을 찾게 된다. 투자하는 방식이 우선주, 보통주, 주식연계채권 등 다양한 방식으로 이루어질 수 있으므로, 기업과 투자사의 상황과 정책에 따라 투자 방식을 정하게 된다.

예를 들어, 가장 많이 사용되는 투자 방법인 상환전환우선주 투자를 기준으로 보면, 1주당 가격, 인수 주식 수, 우선배당권, 상환권, 전환권, 지분희석방지조항, 우선매수권, 공동매도권, 의무불이행 패널티 등 다양하고 어려운 회계적, 법적 내용이 포함되게 된다. 스타트업이나 일반기업들은 이러한 용어들에 대해서 처음 접하는 경우도 많으므로, 차근차근 살펴서 혹시 나중에 생길 법적 문제에 대해서 사전적으로 대비할 필요가 있다.

투자사에서 예비 투자 심의위원회를 거쳐 기본적인 투자 의향이 결정되면 투자사는 기업에 대한 실사를 진행하게 된다. 실사는 회계 실사와 법률 실사 등이 있는데, 이는 투자사가 기업을 세세히 살펴본다는 의미보다는 혹시 모를 리스크를 사전에 점검해 함께 해결해 나가기 위한 과정이라고 생각하는 편이 좋다. 또한, 실사를 진행하는 GP들은 투자에 대한 법적 책임도 져야 하고 LP에 보고도 해야 한다. 그러므로 아무리 투자할 기업이 좋고, 실사가 필요 없는 경우라고 할지라도, 최소한의 형식적인 실사는 진행하게 되는 것이 일반적이다. 이 또한 기업과 투자사가 오랜 파트너로 가기 위한 과정이기 때문에 불필요한 갈등을 만들 필요도 없고, 그럴 소지가 혹시라도 생긴다면 기업 내의 CFO 등 재무담당자와 투자사의 담당심사역이 원만하게 협의해 나가면서 너무 무리하지 않게 진행하는 편이 좋다.

투자가 결정되어 투자 계약서를 쓰게 되면 내용 중에 '진술과 보장'이라는 조항이 포함되는데, 만일 기업이 의도적으로 내용을 숨기거나 제공한 내용이 사실과 다른 경우에는 기업이나 기업의 대표에게 패널티가 부과될 수 있으므로 이 부분에 대한 주의가 필요하다.

투자 계약서는 투자표준계약서의 양식을 사용하는 경우가 많은데, 사전에 합의한 텀시트의 내용을 기반으로 해 표준계약 내용 외에 다른 협의가 필요한 사항이 있다면 그 내용은 협상을 통해 정리한 후, 계약서 내에 담으면 된다. 투자 협의가 잘 이루어지고 난 후에도 투자 계약서를 쓰는 단계에서 오해가 생겨 투자가 불발되는 경우도 있기 때문에 너무 민감한 부분까지 모두 계약서에 담아서 구속력을 강화하겠다고 할 필요도 없지만, 반대로 투자 협의가 너무 수월하게 이루어졌다고 해서 투자 계약서를 너무 대충 봐서도 나중에 혹시라도 생길 만약의 문제를 보지 못하고 간과하게 될 수 있기 때문에 투자 계약서는 가능한 담백하면서도 꼼꼼하게 살펴서 확인하는 편이 좋다.

PART 6

투자 생태계와 가치사슬

투자 생태계

기업이 산업 생태계를 이해하고 창업과 비즈니스를 운영해 나가듯이, 기업이 투자를 통해 성장할 때, 투자 생태계를 이해하는 것이 매우 중요하다. 투자 시장은 금융 시장과는 다르며, 자금을 투자해 함께 목표를 이루어 가는 과정을 같이 해 엑시트까지 가야하는 동반자이기 때문에 상호 간의 소통과 신뢰가 중요한 것이 특성이다.

예를 들어, 벤처캐피탈 투자 생태계는 스타트업 창업부터 성장, 회수까지 벤처 투자 생태계 전체를 의미한다. 벤처캐피탈은 초기 단계 스타트업에 투자해 성장 가능성을 지원하며, 이는 창업 생태계의 지속적인 발전을 이끌어낸다. 벤처캐피탈 투자 생태계는 엔젤 투자, VC(벤처캐피탈), 엑셀러레이터, CVC(대기업) 등 다양한 주체들이 참여해 스타트업 성장 단계에 맞춰 투자와 멘토링을 제공한다.

1. 창업정보 제공 : 시장 동향, 정부지원정보, 투자 정보 제공
   - 창조경제타운, 창업진흥원, 아웃스탠딩, 플래텀, 벤처스퀘어

2. 창업 인큐베이팅 : 창업을 위한 공간, 환경지원
   - 창조경제혁신센터, 지역혁신기관

3. 기술경영/지식재산권 전략지원 : 특허권 보호 및 관리지원
   - 특허청, 한국발명진흥회, 지역지식재산센터, KIBO, 테크브릿지

4. 민간주도 창업플랫폼 : 창업자 능력 개발, 실행컨설팅
   - 상생혁신센터, 디캠프, 로켓펀치, 데모데이, 패스트파이브, 비엘티 등

5. 엑셀러레이터 : 성공경험 전수, 창업에 필요한 자금, 기술, 정책 자문 및 보육
   - 액트너랩, 스파크랩스, 블루포인트, KSP, GVC, 부트트랩 등

6. R&D지원 : 기업성장 단계 전 주기 지원
   - 과학기술정보통신부, 중소벤처기업부, 산업통장자원부 등

7. 벤처캐피탈/엔젤 투자 : 우수 스타트업 발굴 및 투자, 수익실현 및 재투자
   - 본엔젤스, LB인베스트먼트, 한국투자파트너스, KTB네트워크, 이노폴리스 등

8. CVC(대기업) : 대기업 전략 분야 및 시장 연계지원
   - 삼성벤처투자, 현대벤처프라자, 포스코기술투자 등

9. 코넥스 : 자기자본 5억 원, 매출액 10억 원, 순이익 3억 원 조건 중 충족 시 상장 도전

10. 글로벌마케팅/시장 진출 지원 : 해외 시장 정보 및 판로 지원
    - 코트라, KITA, K-ICT, KISA

11. 기업공개를 통한 투자 회수 인프라
    - KRX, KOSDAQ, 나스닥

투자자들은 어디서 만날까?

살면서 어떤 사람을 만나느냐 하는 것이 삶에 중요한 영향을 미치듯이, 기업도 어떤 투자자를 만나느냐 하는 것은 기업의 마일스톤에 크게 영향을 줄 수 있다. 투자자들이 딜 소싱을 위해 기업을 찾아 연락을 취하기도 하지만 기업들 또한 투자자들을 만날 수 있는 다양한 방법과 장소들이 있다.

성공적인 투자 유치를 위해서는 회사의 비전, 시장 경쟁력, 팀 구성, 재무계획 등을 명확하고 설득력 있게 제시할 수 있는 매력적인 IR 자료 준비가 필요하다. 이때 기업과 비즈니스에 대한 스토리텔링과 비전이 담긴 핵심 내용을 중심으로 간결하고 효과적인 피칭을 할 수 있는 준비를 미리 하고, 투자자와의 첫 만남 이후에 꾸준히 소통하며 신뢰를 쌓는 것이 중요하다. 초기 단계의 스타트업부터 성장 단계의 기업까지, 목표하는 투자 유치 단계와 투자자 유형에 따라 효과적인 접근 방식이 다를 수 있다.

1. 네트워킹 이벤트 및 모임 참석

① 스타트업 관련 컨퍼런스 및 피칭 대회 : 데모데이, 스타트업 페어,

테크 컨퍼런스 등에 참여해 투자자, 액셀러레이터, 업계 관계자들과 직접 만날 수 있다.

② 투자자 네트워킹 행사 : 엔젤 투자 포럼, 벤처캐피탈 네트워킹 파티 등 투자자들과의 관계 형성에 특화된 행사에 참여하는 것이 좋다. 이벤터스, 넥스트유니콘 등의 플랫폼에서 관련 행사를 찾아볼 수 있다.

③ 액셀러레이터 및 인큐베이터 프로그램 : 해당 프로그램에 참여하면 투자 유치 기회뿐만 아니라 멘토링, 네트워킹 등 다양한 지원을 받을 수 있다.

2. 온라인 플랫폼 활용

① 스타트업-투자자 연결 플랫폼 : 넥스트유니콘, 더브이씨와 같은 플랫폼에 회사 정보를 등록해 투자자에게 직접 알리거나, 투자자 정보를 검색해 컨택할 수 있다.

② 엔젤 투자자 커뮤니티 : 엔젤라운지와 같은 엔젤 투자자 커뮤니티에 가입해 투자 기회를 얻거나, 투자자들과 교류할 수 있다.

③ 링크드인(LinkedIn) : 투자자들을 검색하고 직접 메시지를 보내거나, 관련 그룹에 참여해 네트워킹할 수 있다.

3. 주변 네트워크 활용

① 지인 소개 : 창업 동료, 멘토, 업계 관계자 등 주변 사람들에게 투자자를 소개해달라고 요청하는 것이 신뢰를 바탕으로 연결될 수 있는 좋은 방법이다.

② 투자 조합 : 개인 투자 조합 등에 참여해 다른 투자자들과 네트워

크를 형성할 수 있다.

③ 창업자 및 투자자 간의 소셜 모임 : 투자자들이 자주 참석하는 소셜 모임이나 디너 이벤트에서도 만날 기회가 있다. 이런 모임들은 비교적 캐주얼하고 자유로운 분위기에서 대화를 나누는 데 유리하다.

④ 대학 및 연구소 네트워크 : 일부 대학과 연구소는 스타트업 커넥션 프로그램이나 창업 경진대회 등을 개최해 투자자와 창업자들이 만날 수 있는 기회를 제공한다.

4. 콜드 메일(Cold Email)

사전에 관계가 없던 투자자에게 직접 IR 자료와 함께 메일을 보내는 방법이다. 성공률이 낮을 수 있지만, 명확하고 매력적인 메시지로 어필한다면 기회를 만들 수 있다. 투자자의 포트폴리오를 사전에 조사해 회사와 관련성이 높은 투자자에게 맞춤형 메일을 보내는 것이 중요하다.

5. 벤처캐피탈(VC) 직접 컨택

관심 있는 벤처캐피탈 회사의 투자 분야와 포트폴리오를 확인하고, IR 자료를 준비해 직접 연락을 시도해볼 수 있다. 한국벤처캐피탈협회 웹사이트 등에서 벤처캐피탈 회사 목록을 확인할 수 있다.

경영과 기업 가치평가

경영과 기업 가치평가는 상호 밀접하게 연결되어 있으며, 성공적인 경영 전략이 기업 가치에 직접적인 영향을 미친다. 경영이 기업의 운영 관리, 전략 수립, 의사결정 등을 통해 기업의 가치를 증대시키는 과정이라면, 기업 가치평가는 그 기업의 현재와 미래 가치를 평가하는 과정으로, 경영 활동이 어떻게 가치를 창출하고 있는지를 반영하는 것이다. 경영과 기업 가치평가의 상호작용은 다음과 같다.

1. 경영과 기업 가치평가의 관계

경영은 기업이 장기적으로 성장하고 시장 경쟁력을 유지하기 위해 필요한 전략과 결정을 내리는 과정이다. 이 경영 전략은 기업의 미래 수익성, 현금흐름, 위험 관리 등에 중요한 영향을 미치고, 이러한 요소들은 기업 가치평가에 반영된다. 경영 전략이 잘 실행되면 기업 가치는 높아지고, 반대로 전략이 실패하면 기업 가치는 떨어질 수 있다.

2. 경영 전략이 기업 가치에 미치는 영향

경영 전략은 기업 가치를 평가하는 데 중요한 핵심 요소로 작용한다.

주요 경영 전략들은 수익성, 시장 점유율, 경쟁력 강화, 효율성 등을 증대시키는 방향으로 기업 가치를 높이는 데 기여될 수 있다.

(1) 수익성 증대

경영 전략은 비용 절감과 수익 증가를 목표로 한다. 예를 들어, 원가 절감이나 효율적인 자원 배분을 통해 수익성이 높아지면, 기업은 EBITDA나 순이익을 증가시킬 수 있다. 이는 PER이나 EV/EBITDA와 같은 기업 가치평가 지표에서 긍정적인 영향을 미친다.

(2) 시장 점유율 확대

시장 점유율 확대를 목표로 한 경영 전략은 매출 증가를 이끌어낸다. 예를 들어, 새로운 제품 출시나 시장 확장 전략을 통해 기업은 경쟁력을 높이고, 이는 미래 현금흐름을 예측하는 데 중요한 요소가 된다. 기업 가치평가에서 할인된 현금흐름법이나 시장 비교법에서 높은 성장 전망은 가치를 상승시키는 주요 요소로 작용한다.

(3) 경쟁력 강화

경쟁력 강화는 기업이 시장 내에서의 위치를 높이고, 브랜드 가치와 고객 충성도를 증대시키는 전략이다. R&D 투자나 기술 혁신을 통해 기업이 경쟁력을 높이면, 이는 장기적인 수익성을 예측할 때 긍정적인 영향을 미친다. 기업의 미래 현금흐름이 개선되면 DCF 분석에서 기업 가치는 상승하게 된다.

(4) 위험 관리

경영진은 위험 관리를 통해 기업이 직면할 수 있는 재정적 위험, 시장 위험, 운영 위험을 줄여야 한다. 위험 관리가 잘 이루어지면, 기업의 가치 변동성이 줄어들고, 이는 할인율을 낮추고 기업 가치를 높이는 효과를 가져온다.

3. 기업 가치평가가 경영에 미치는 영향

기업 가치평가는 단순히 외부 투자자나 시장 분석가들만의 일이 아니다. 경영자들도 기업 가치평가의 결과를 바탕으로 전략적인 결정을 내리며, 기업의 미래 방향을 설정하게 된다. 경영자에게 기업 가치평가는 경쟁력 강화, 시장 전략, 인수합병 등에서 중요한 의사결정 도구로 활용된다.

(1) M&A 전략

기업 가치평가는 M&A의 핵심적 요소다. 경영자는 인수 대상 기업의 가치를 평가하거나, 자사의 가치를 높이기 위해 인수합병 전략을 세울 수 있다. 상대 기업의 가치를 정확히 파악하면 협상에서 유리한 조건을 이끌어낼 수 있다.

(2) 자본조달 및 투자 유치

기업이 외부 자금을 조달할 때, 투자자나 대출 기관은 기업 가치를 중요한 참고 지표로 삼는다. 경영자는 자사의 가치 상승 전략을 통해 주식 발행이나 채권 발행을 진행할 수 있다. 기업 가치가 높아지면 자본조달 비용이 낮아지고, 더 유리한 조건으로 자금을 얻을 수 있다.

(3) 경영 성과평가

기업 가치평가는 경영자가 성공적인 경영 전략을 실행했는지 여부를 평가하는 도구로 활용된다. 시장 가치나 재무지표를 통해 경영진의 성과를 평가하고, 이를 바탕으로 보상체계나 향후 경영 방향을 조정할 수 있다.

(4) 경영 전략 수정

기업 가치평가는 경영자가 현재 기업의 가치를 정확히 파악하고, 이를 바탕으로 미래 전략을 수정하는 데 중요한 역할을 한다. 예를 들어, 만약 기업 가치가 예상을 하회한다면, 경영자는 비효율적인 부서를 구조조정하거나, 저성장 부문을 철수하는 결정을 내릴 수 있다.

자금조달과 WACC

기업이 성장과 확장을 위해 필요한 자금을 확보하는 것을 자금조달이라고 한다. 자금조달에는 내부 자금과 외부 자금이 있으며, 내부 자금은 영업활동으로 얻은 수익 중 비용과 배당금을 제외한 잔액을 말하며, 외부 자금은 주식과 채권을 발행해 자본 시장에서 자금을 조달하는 직접금융과 은행 등 금융기관에서 돈을 빌려오는 방식의 간접금융으로 나눌 수 있다. 일반적으로 기업이 자금을 조달하는 유형에는 다음과 같은 것들이 있다.

- 주식 발행을 통한 자기자본 조달
- 회사채 발행을 통한 타인자본 조달
- 신주인수권부사채, 전환사채, 교환사채 등의 발행을 통한 자금조달
- 금융기관 등에서 차입

자금조달에는 돈이 든다. 즉, 비용이 발생하게 된다. 부채의 경우 이자비용이, 자기자본의 경우 주주들이 요구하는 수익률이 자본비용에 해당한다. 기업 입장에서는 이러한 자본비용을 최소화하는 것이 중요한 과제

다. 그래서 각 자금조달 방식이 전체 자본에서 차지하는 비중을 고려해야 하고, 이를 위해 부채비용과 자기자본비용에 각각의 비중을 가중치로 적용해 평균을 산출하는데, 이것이 바로 WACC(Weighted Average Cost of Capital, 가중평균자본비용)다. WACC는 기업이 투자 의사결정을 내리거나 기업 가치를 평가할 때 할인율로 사용되는 중요한 지표다. 기업은 WACC를 낮추기 위해 최적의 자본구조를 유지하고, 자금조달 비용을 절감하기 위해 노력하게 되는 것이다.

WACC는 부채비용과 자기자본비용을 기업의 자본구조를 고려해 가중평균한 값이다. 만일 어떤 기업의 부채비용이 5%, 자기자본비용이 10%이고, 부채와 자기자본의 비중이 각각 50%, 60%라면, WACC는 (5%×50%)+(10%×60%)=8.5%로 계산된다. 이렇게 산출된 WACC를 할인율로 적용해 투자안의 현재 가치를 평가하게 된다.

만일 투자 안의 내부수익률(IRR)이 WACC보다 높다면 투자 가치가 있다고 판단할 수 있고, 반대로 IRR이 WACC보다 낮다면 투자 가치가 없다고 볼 수 있다. 이처럼 WACC는 투자 의사결정의 기준이 되는 중요한 지표가 된다.

M&A에서 WACC가 중요한 이유는 인수합병 대상 기업의 가치를 평가하는 할인율로 사용되기 때문이다. WACC를 통해 기업의 미래 현금흐름을 현재 가치로 환산함으로써, 기업의 본질적 가치를 파악할 수 있는 것이다. 이때 기업마다 자본구조와 자금조달 비용이 다르기 때문에, 같은 산업 내에서도 WACC는 상이할 수 있으며, 자본구조의 변동성을 반영하지 못한다는 한계가 있다. 왜냐하면 기업의 부채비율이 변동하거나, 신규 자금조달이 이루어지는 경우 WACC 값도 달라지기 때문이다. 이러

한 변동성을 고려하지 않고 WACC를 기계적으로 적용하면 기업 가치를 왜곡하는 경우가 생기기도 한다. 그러므로 M&A 과정에서는 WACC와 함께 다양한 가치평가방법을 활용해 종합적으로 판단해야 하고, 이때 상대가치평가, 절대 가치평가 등 여러 가지 방법론을 통해 기업 가치를 다각도로 분석하고, 인수합병의 시너지 효과까지 고려해야 한다.

# 기업가의 나이와 밸류에이션의 상관관계

기업가의 나이와 기업 밸류에이션 간에는 몇 가지 흥미로운 상관관계가 존재할 수 있다. 그러나 이 관계는 단순하지 않으며, 나이와 기업 가치 사이의 상관관계는 여러 요인에 따라 달라진다. 일반적으로 기업가의 나이와 기업 가치평가 사이에는 몇 가지 주된 경향을 볼 수 있다.

1. 경험과 네트워크의 영향

나이가 많은 기업가는 대체로 더 많은 경험과 네트워크를 갖추고 있다. 이들은 이전에 사업을 성공적으로 이끌었거나 실패에서 배운 경험을 통해 위기 대응 능력을 가지고 있다. 중장기적인 비전이 비교적 뚜렷하며, 전략적 판단력이 뛰어나므로, 투자자들로부터 높은 신뢰를 받을 수 있다.

2. 초기 기업가와 기업 가치의 차이

젊은 기업가는 주로 스타트업과 초기 단계의 혁신적 기업을 창업하는 경우가 많다. 이들은 일반적으로 더 큰 위험을 감수하고, 기술 혁신이나 새로운 시장 창출에 뛰어난 창의력을 발휘할 수 있는 가능성이 높다. 젊은 창업자의 리스크와 불확실성이 상대적으로 크다고 볼 수도 있지만, 성공을 향한 많은 시간을 보유하고 있다. 더 큰 성장 가능성을 가지고 있다고 볼 수 있으므로, 미래의 잠재력에 대한 더 높은 점수를 받을 수 있다.

3. 신뢰도와 리더십

나이가 많고 경험이 많은 기업가는 신뢰도와 리더십 면에서 우위를 가질 수 있다. 예를 들어, 창업자가 이미 여러 차례 회사를 성공적으로 이끈 경험이 있다면, 이는 기업의 가치를 높이는 중요한 요소가 되는 것이다. 또한, 기업가가 다년간 쌓은 산업 내 네트워크나 사회적 자본이 기업의 자금조달 및 파트너십 구축에 유리하게 작용할 수 있다.

4. 투자자의 선호도

기업가가 다양한 능력과 성향을 지닌 것과 마찬가지로 투자자들 또한 마찬가지다. 나이가 많은 기업가는 일반적으로 더 많은 재정적 안정성과 경영 경험을 제공할 수 있기 때문에 투자자에게 더 높은 신뢰를 줄 수도 있지만, 회수까지 시간이 오래 걸리는 투자라는 일의 특성상 시간이 조금 더 많은 젊은 기업가를 찾는 투자자들도 많다.

젊은 기업가는 기존 산업의 틀을 깨는 혁신적 아이디어를 가지고 있거나, 더 공격적이고 빠른 성장을 추구할 가능성이 있다. 이런 점은 투자자들에게 미래 성장 잠재력에 중점을 두고 투자하게 만들 수 있다.

5. 기업의 성장 단계와 기업가의 나이

초기 단계 기업에서는 젊은 창업자가 더 많이 등장한다. 이들의 경우 기업 가치는 리스크를 반영해 상대적으로 낮을 수 있다. 그러나 시간이 지나면서 시장 검증을 받거나 매출 성장이 지속되면 기업 가치는 올라갈 수 있다. 반면, 성숙한 기업에서는 나이 많은 창업자나 경영진이 주도하는 경우가 많은데 이 경우 안정성과 신뢰성이 더 중요하게 작용한다.

기업 가치는 안정적 수익 모델과 다각화된 사업구조 등을 반영한다. 이 점에서 나이가 어떻게 영향을 미치게 될지에 대해서 여러 요소에 따라 투자자들의 생각이 다를 수 있다.

6. 혁신성과 지속 가능성

젊은 창업자들은 대개 혁신적이고 공격적인 사업 전략을 구사하는 경향이 있다. 이들은 기술 혁신을 통해 시장에 변화를 일으킬 가능성이 크다. 특히 IT, 핀테크, AI 등 기술 중심 산업에서는 큰 성장을 이룰 수 있다. 또한, 나이가 상대적으로 많은 창업자들은 더 보수적인 접근을 할 수 있으며, 기존의 비즈니스 모델을 잘 유지하고 확장하는 경향이 있다. 이들은 사업 안정성을 중시하고, 장기적인 성과를 추구하는 경우가 많다.

결국 기업가의 나이와 기업 가치평가 간에는 서로 상관관계가 있지만, 이 관계는 절대적인 법칙으로 볼 수는 없다. 젊은 기업가는 성장 가능성과 혁신적인 아이디어로 높은 가치를 인정받을 수 있으며, 경험이 많은 기업가는 안정성, 경영능력, 산업 내 신뢰 등으로 높은 평가를 받을 수 있다. 기업의 가치평가는 사람, 특히 경영자에 대한 평가가 중요한 요소가 되며, 초기 기업일수록 인재들에 대한 가치평가에 따라 그 평가가 달라질 수 있는데, 기업가의 나이는 기업 가치평가에 영향을 미치는 하나의 요소일 뿐이며, 절대 요소라고 보기는 어렵다.

# 코피티션

코피티션(Co-petition)은 협동(Cooperation)과 경쟁(Competition)의 합성어로 경쟁자로부터 협력을 끌어내는 새로운 전략개념이다. 치열한 경쟁을 통해 승자와 패자가 결정되는 비즈니스 세계에서 심지어 경쟁자의 협력을 끌어내어 성장할 수 있다면 진정한 비즈니스맨이라 할 수 있겠다.

그런데 가치평가를 하고 펀딩을 진행하는 과정에서의 기업가와 투자자는 경쟁 관계가 아니다. 비즈니스의 다양한 이해관계자 중에서도 가장 친밀해야 하는 파트너 중의 하나라고 해도 과언이 아니다. 그럼에도 불구하고 마치 기업가가 투자자를 마치 기업의 기밀이라도 빼갈 스파이로 여기거나, 높은 기업 가치에도 불구하고 낮게 평가해 기업의 지분을 싼 가격으로 사 가려고 한다거나, 나중에 조금이라도 기업이 어려워지면 투자금을 회수해갈 사채업자처럼 상대한다면 서로 윈윈해 좋은 결과를 얻어내기는 어렵다. 이는 마치 기업의 최고경영자가 재무 담당 임원을 회사의 기밀사항을 외부에 알리거나, 자금을 횡령해 갈지도 모른다는 의심의 눈초리로 항상 불안해하며 서로 협력 관계로 발전하지 못하는 것과 비슷하다.

비즈니스는 게임으로 비교된다. 게임 내의 다양한 이해당사자들에 대한 깊은 이해가 필요하다. 비즈니스에 참가하는 이해당사자들에는 기업과 고객, 공급자, 경쟁자, 보완자 등이 있다. 각각을 플레이어라 한다. 그리고 여기에 주요한 역할을 하는 보이지 않는 또 하나의 플레이어가 투자자다.

기업가와 투자자는 흔히 동반자로 비유된다. 이는 서로의 목표와 이해관계가 맞물려 있기 때문이다. 기업가는 사업 아이디어와 비전을 가지고 사업을 창출하려는 사람이고, 투자자는 기업가의 아이디어가 성공할 수 있도록 자금을 지원하는 사람이다. 두 주체는 각각 중요한 역할을 하며, 서로가 협력할 때 성공적인 비즈니스 모델과 성과를 만들어갈 수 있다.

1. 서로의 역할 이해

① 기업가(Entrepreneur) : 기업가는 아이디어와 혁신을 통해 사업을 시작하고 성장시킨다. 그들은 시장의 기회를 포착하고, 이를 바탕으로 새로운 제품이나 서비스를 창출하려고 한다. 기업가는 문제 해결, 혁신적인 사고, 리더십을 바탕으로 조직을 이끌고 비즈니스 모델을 실행한다.

② 투자자(Investor) : 투자자는 기업가의 비전과 아이디어가 시장에서 성공할 가능성을 보고 자금을 지원한다. 투자자는 기업이 자금을 통해 성장할 수 있도록 돕고, 기업의 발전을 위해 전략적 조언을 할 수도 있다. 그들은 또한 기업가에게 리스크와 기회에 대한 균형 잡힌 시각을 제공할 수 있다.

2. 공통의 목표

기업가와 투자자는 성공적인 비즈니스를 만드는 것이 궁극적인 목표다. 이를 위해 각자 중요한 역할을 수행한다.
① 기업가의 목표 : 기업가는 창의적인 아이디어를 통해 사업을 시작하고, 시장에서 경쟁 우위를 확보하며, 지속 가능하고 수익성 있는 기업으로 성장하려고 한다.
② 투자자의 목표 : 투자자는 자금을 통해 기업의 성장을 촉진시키고, 그 과정에서 수익을 얻는 것이 목표다. 그들은 투자한 자금을 회수하면서 기업의 가치를 높이고자 한다.

3. 협력 관계

기업가와 투자자는 상호 보완적인 관계에 있다. 기업가는 사업을 시작하는 데 필요한 자본과 리소스를 필요로 하고, 투자자는 그들의 자금을 통해 사업이 성장할 수 있도록 돕는다. 성공적인 협력은 다음과 같은 방식으로 이루어진다.
① 자금 제공 : 투자자는 기업이 필요한 자금을 제공해 사업이 초기 단계에서 성장할 수 있도록 지원한다. 이는 제품 개발, 마케팅, 인력 채용 등 여러 분야에 투자될 수 있다.
② 전략적 조언 : 많은 투자자는 단순히 자금만 제공하는 것이 아니라 전략적 조언을 통해 기업가가 사업을 효과적으로 이끌어 갈 수 있도록 돕는다. 이는 사업 운영의 효율성을 높이고, 시장에서의 경쟁력을 강화하는 데 도움이 된다.
③ 리스크 공유 : 기업가와 투자자는 사업 성공과 실패의 리스크를 함께 나눈다. 투자자는 자금을 투자하면서 그들이 투자한 기업의 성공에 따른 수익을 기대하며, 기업가는 투자자의 자금을 활용해 사업을 키우면서 그에 대한 책임을 진다. 실패했을 경우에도 리스크

를 함께 공유하므로, 양측은 공동의 책임감을 가지게 된다.

4. 상호 신뢰

기업가와 투자자 관계에서 가장 중요한 요소 중 하나는 신뢰다. 서로 간의 신뢰가 없다면 원활한 협력은 불가능하다.

① 기업가의 신뢰 : 기업가는 투자자가 제공하는 자금과 자원을 효과적으로 사용할 책임이 있다. 사업을 운영하는 동안 투명한 커뮤니케이션과 정직한 보고를 통해 투자자의 신뢰를 유지해야 한다.

② 투자자의 신뢰 : 투자자는 기업가가 사업을 성공적으로 이끌 수 있는 능력을 가지고 있다고 믿어야 한다. 기업가는 자금을 투자받는 대가로 사업 계획과 목표를 달성하기 위해 노력해야 하며, 투자자는 이를 신뢰하고 지원해야 한다.

5. 동반자로서의 상호 의존성

기업가와 투자자는 서로에게 의존적이다. 기업가는 사업 아이디어와 실행력을 바탕으로 성공을 이끌어가고, 투자자는 자금을 제공해 사업이 성장할 수 있도록 돕는다.

① 기업가의 입장 : 기업가는 자금을 지원받고, 투자를 통해 사업을 시작하거나 확장할 수 있다. 그들은 또한 투자자가 제시하는 전략적 조언을 수용하고, 사업에 대한 방향성을 제시받을 수 있다.

② 투자자의 입장 : 투자자는 자금 제공의 대가로 기업의 성공적인 성장을 통해 높은 수익을 얻고자 한다. 그들은 기업의 비전, 성장 가능성, 경영진의 역량 등을 평가해 투자를 결정한다.

6. 협력의 성과

기업가와 투자자의 협력은 상호 이익을 추구하는 동반자로서, 기업이 성공적으로 성장하면 양측 모두 이익을 얻게 된다.

① 기업가의 이익 : 투자자의 자금이 사업에 투입되어 성공적인 성장을 이루게 되면, 기업가는 더 많은 시장 점유율을 확보하고, 기업의 가치를 높여 자신이 원하는 목표를 달성할 수 있다.

② 투자자의 이익 : 성공적인 기업은 높은 수익률을 제공하며, 투자자는 자본을 회수하면서 이익을 얻을 수 있다. 투자자가 기대한 수익을 얻을 수 있도록, 기업의 성장과 성공에 중요한 역할을 한다.

7. 협력의 장기적인 비전

① 기업가와 투자자는 단기적인 목표를 넘어서 장기적인 비전을 가지고 협력해야 한다. 특히 벤처 투자나 스타트업의 경우, 기업가와 투자자는 사업이 초기 단계에서 성장하는 동안, 시장에서 자리 잡고 지속 가능성을 유지할 수 있도록 힘을 합친다. 또한 자금과 자원을 확보해 제품을 개발하고, 시장에 진입해 지속 가능한 성장을 이루고자 한다.

② 투자자는 기업가의 비전이 시장에서 성공할 가능성을 보고 투자하는 것이며, 시간이 지나면서 기업이 성장할 때 투자 가치를 높이는 것을 기대한다.

# 스타트업의
투자 유치 절차

충분한 자금을 확보하고 운영되는 스타트업은 그리 많지 않다. 신제품 개발이나 조직운영과 마케팅도 어려운 일인데, 투자와 같은 자본 활동에까지 스타트업 경영자 혼자서 신경을 쓰는 것은 보통 일이 아니다.

스타트업이 목표가 투자 자체가 아니라 투자를 통해서 목표하는 과정에 이르고자 하는 중간 단계이기 때문에 투자 과정 자체도 쉽지 않지만, 그 투자를 통해 이후 어떻게 목표한 바를 이룰지 경영자 스스로 명확한 성장 지도를 그려야 하고 그것을 투자자들에게 잘 설득하고 협상할 수 있어야 한다. 그리고 스타트업과 함께 투자자도 함께 성장할 수 있는 전체적인 구조를 협력해 짜고 실행에 옮겨야 한다.

자금이나 투자는 스타트업 전체를 담는 그릇이 되기도 하지만 스타트업이라는 그릇 속에서 맛을 내는 소스 역할을 하기도 한다. 막상 닥쳐서 우왕좌왕하다 보면 마치 그것이 전부인 것처럼 보이지만 그것은 전체 과정의 일부라는 의미이다. 완벽한 엑시트가 아닌 이상 M&A도 마찬가지다. 일정 기간 경영성과나 법적 책임을 져야 하는 내용이 M&A 계약에 포함되어 있을 수도 있고, 그 산업계에 머무르는 동안 자유로울 수 없으며, 도의적인 책임이 따르게 된다.

스타트업은 대부분 소수의 인력으로 운영된다. 그렇기 때문에 어려운 점도 많지만, 빠르게 급성장할 수 있는 가능성을 가지고 있기 때문에 벤처 투자자들에게는 매력적인 투자처이기도 하다. 벤처 투자라는 특성상 하이리스크 하이리턴(High Risk High Return)이 존재하기 때문에 그 성격에 대해서 스타트업도 투자자도 서로 잘 이해가 되어 있어야만 한다.

스타트업을 시작한 지 얼마 안 되어서는 의미 있는 매출이나 실적이 있기가 어렵고 내 세울만한 재무제표를 제출하기도 쉽지 않다. 하지만 투자자들이 스타트업을 만나기 위해 처음 접하게 되는 자료가 재무제표다.

그다음에 사업계획과 비전이 담겨 있는 IR 자료를 접하게 된다. 그래서 스타트업은 인력구성과 지적재산권 등 그나마 갖춘 자료를 통해 투자자들이 납득할 수 있고 관심을 가질 만한 의사 표현을 명확히 제시할 필요가 있는 것이다. 돈이 다 떨어졌다고 해서 그 부분을 너무 강하게 부각할 필요도 없고, 돈이 아직 여유가 있다고 해도 너무 소극적으로 대해서도 안 된다. 앞에서 언급했듯이 자본 활동은 전체 경영에서 중요한 일부다. 스타트업의 명확한 마스터플랜에 가장 효율적으로 활용되고 좋은 역할을 할 수 있도록 만들어져야 한다.

그래서 투자 유치를 시작하는 시점, 투자를 받는 시점, 그리고 다음 투자 라운드를 시작하는 시점, 마지막으로 엑시트하는 타이밍까지 가능한 구체적으로 준비되어 있다면 좋다. 투자 피칭을 시작해 투자금이 회사통장으로 들어오는 데까지 걸리는 시간은 짧게는 한두 달, 길게는 일 년이 넘게 걸리기도 한다. 펀딩이라는 활동은 은행에 들어있는 돈을 인출하거나 담보를 제공하고 대출을 받는 활동과는 엄연히 다르다. 투자에 대한 성격을 제대로 알지 못하고 투자자들과 함께 협상하는 과정에서 거기에 맞는 언어를 쓰지 못하면, 투자를 받고 난 이후에도 그 투자금의 의미가 무엇인지 알지 못하고 실수를 범하게 되는 경우를 종종 볼 수 있다.

투자를 받고자 하는 스타트업의 경영자는 투자를 왜 받는지, 얼마를 받을지, 받아서 어디다 쓸지, 나중에 어떻게 엑시트를 하거나 투자자에게 회수를 시킬지 구체적인 계획과 전략을 가지고 있어야 한다. 회사의 돈이 떨어져서 단순히 자금조달 차원에서 받는다고 한다면 투자자는 성장 가능성이나 회수 가능성을 낮게 볼 수밖에 없고, 회에 대해 투자할 관심을 잃게 될 수도 있다. 이는 스타트업의 경영자가 투자를 받으려는 입장에서 자신이 투자하는 투자자의 입장으로 생각해보면, 그 이유나 상황을 보다 잘 이해할 수 있게 된다. 그래서 사업계획도 중요하지만 투자 유치와 자본운영에 대한 성공확률을 높이기 위해 전략적인 투자 유치 계획을 수립하는 것도 중요하다.

투자 절차는 크게 사전 미팅과 IR 피칭, 투자 심의 위원회 그리고 계약 체결과 납입의 순서로 진행된다. 그리고 각 단계별 중간에 다음 단계로 넘어가기 위한 의사결정 단계가 있다. 투자를 하는 다양한 형태별도 모두 다르긴 하겠지만, 만일 10개 정도의 스타트업이 데모데이 IR 행사에 참여하게 된다면 그중에서 실제로 투자금 납입 단계까지 이르게 되는 업체는 대략 한두 업체 불과하다고 보면 될 것 같다.

투자사가 IR 자료를 보고 관심을 가지고 처음 회사를 방문하는 자리에는 보통 한 명에서 세 명 정도의 투자 심사역이 참여하게 된다. 회사의 대표나 주요 임원들과 간단한 상견례 겸 IR을 직접 피칭하는 내용을 보고 질문과 답변을 하기도 하면서 전체적인 분위기와 회사의 비전에 대해 파악하게 된다. 공장이 있다면 공장 투어도 진행하기도 하고, 첫 미팅에서 관심을 가지게 된다면 향후 연락을 지속할 주요 담당자를 정하기도 한다.

처음 만나는 자리라고 해서 소홀히 해서도 안 되고 너무 힘을 주어서 과장할 필요도 없다. 대개 첫 만남에서 투자가 확정되는 때까지 적으면 두세 번 많으면 대여섯 번 공식적인 미팅을 하게 되는데, 경우에서는 한 번의 만남으로 인연이 끝날 수도 있고, 반대로 여러 번 만나면서도 투자가 확정되지 않는 경우도 많다.

특히 조심해야 할 것은 여러 다른 투자자들을 만나는 과정에서 서로 다른 이야기를 해서는 안 된다는 것이다. 왜냐하면 투자자 업계의 회사 또는 심사역 개인들은 대부분 업계에서 네트워킹을 하거나 오랫동안 그 일에 종사하면서 쉽게 다른 투자사들의 정보를 얻을 수 있고, 일부러 레퍼런스 체크를 하면서 최근 IR 피칭을 진행한 회사에 대한 정보를 교류하거나 서로의 의견은 묻기도 하기 때문이다. 물론 NDA 계약을 한 후, 펀딩 활동을 진행하기 때문에 회사의 기밀 사항에 대해서 공개적으로 정보를 노출하지는 않겠지만, 같은 회사에서 들은 이야기가 서로 다르다면 그것은 회사의 신뢰성에 대해 의심을 줄 수 있기 때문에 조심해야 할 일이다.

회사와 투자 심사역과의 만남에서 너무 무겁게 이야기를 진행시킬 필요는 없다. 왜냐하면 IR 피칭을 통해 서로 궁금했던 내용이 잘 이해되고, 첫인상이 좋게 마무리된다면 결국 그 내용을 투자사 본사로 연결시켜 투자 심의위원회에서 회사에 관한 내용을 좋게 그리고 적극적으로 설명할 사람은 바로 회사를 방문해서 IR을 들었던 그 투자 심사역이기 때문이다. 아무리 회사가 좋고 성장성이 좋은 회사라고 하더라도, 한쪽에서 상대방을 너무 가르치려고 든다거나 고집이 세서 설득이나 협상이 어렵다고 생각되어, 우수한 회사임에도 불구하고 투자 심사역이 투자 검토를 아쉽게 중단하게 되는 경우도 있기 때문이다. 그렇지 않은 일반적인 경우에는 후속 미팅을 하거나 이메일이나 전화로 질의응답을 해나가면서 투자 검토를 계속 진행할지 또는 중단할지를 결정하게 된다.

데모데이처럼 많은 스타트업이 동시에 참여하는 IR 행사 같은 경우에는 회사별로 5분 내외로 짧게 IR 발표가 진행되지만, 일반적으로 투자자들이 회사에 방문해 미팅하는 경우라면 한두 시간 정도 미팅 시간이 진행된다며 보면 된다. 이때 발표는 30분 이내로 하는 것이 좋다. 왜냐하면 회사가 알려주고 싶거나 자랑하고 싶은 내용이 너무 많아서 한 시간 이상 발표를 하게 되면, 지루하기도 하지만 중요하게 질문 응답을 통해 확인해야 하는 시간을 갖지 못해서 한쪽에서만 일방적으로 얘기하다가 끝나버리게 되는 경우가 발생하기 때문이다. 어떤 때는 투자 심사역이 질문하려고 했던 내용을 잊어버리는 경우도 생기고, 시간이 부족하다 보니 질문하고 싶었던 내용도 그냥 안 해버리는 경우가 있는데 이런 경우는 회사에 앞쪽에서 시간을 너무 많이 써서 손해를 보게 되는 경우에 해당한다.

하고 싶은 이야기가 많다는 것은 그만큼 가지고 있는 것이 많다는 이야기도 될 수 있지만, 반대로 초점이나 전략이 명확하지 않고 아직 정리가 덜 된 것으로 보이기도 한다. 투자 심사역이 볼 때 말을 더 많이 하려고 하는 스타트업에 대한 인상은 후자인 경우가 더 많다.

IR 또는 데모데이 행사 등에서 발표된 내용이 괜찮다고 판단되거나 확신이 들면 투자 심사역은 그 내용을 내부 투자 심의위원회에 올리게 된다. 투자 심의위원회 전에 예비 투자 심의위원회라는 과정을 거치는 경우도 있는데, 그 또한 리스크를 줄이면서 더 심도 있는 판단과 의사결정을 하기 위한 과정의 일부다. 그리고 담당 투자 심사역은 투자 심의위원회 위원들을 설득하기 위한 투자심사보고서를 작성하게 된다. 현명한 스타트업들은 투자 심사역들이 투자 심사보고서를 조금 더 잘 쓸 수 있도록, 발표하는 IR자료에 투자 심의위원회 위원들이 궁금해할 만한 사항을 미리 잘 정리해 발표하거나, 별도의 투자 심의위원회용 투자 심사보고서에 담을만한 자료를 별도로 작성해 투자 심사역들에게 전달하기도 한다. 또는 투자 심사역이 해당 투자를 더 잘 설명하고 성사시키기 위해, 필요한 핵심지표나 상세자료들을 스타트업에 요청해서 받고 내용을 보완하기도 한다.

투자 심의위원회까지 통과하게 되면, 기업에 대한 실사를 진행하게 된다. 실사는 사업자등록증 등 기본서류는 물론이고 재무 현황과 관련된 구체적인 회계자료와 주주명부, 계약서, 특허자료 등 세세한 회사 내부의 자료들을 살펴보면서 IR에서 발표된 내용과 틀림없는지 또는 기업에서 발표하지 않은 내용 중에서 더 가치가 있는 자료들이 있는지 등도 심도 있게 점검되게 된다.

이때 기업 경영자들은 회사 기밀자료의 보안등을 이유로 공개를 원하지 않는 경우도 있는데, 이런 경우는 서로 협의해 진행하면 된다. 다만, 실사에서 보안을 이유로 확인되지 않았다가 나중에 더 큰 문제가 생겨서 누군가 책임을 져야 하거나 법적인 문제로 확대될 경우가 발생할 수 있으므로, 상식적이고 합리적인 수준에서 진행되는 실사에 대해서 회사는 가능한 적극적으로 대응할 필요도 있다. 물론 그 이전에 실사 과정에서 심각한 문제가 발견되어 투자가 불발되는 경우도 발생하기도 하고, 민감한 이슈에 대해 그 사항에 대한 해결을 전제로 계약서 작성되어, 문제가 해결된 후 투자금이 납입되는 형태의 과정이 취해지기도 한다.

실사까지 통과해 투자 의사결정이 되면, 기업 가치평가에 따른 투자금과 지분율, 주식의 종류 등을 정하는 텀시트가 작성되게 되고 이것까지 잘 합의되면, 그 내용을 담아서 투자 계약서를 작성하게 된다. 투자 계약서는 투자 라운드별로 참여하는 투자사의 수와 조건이 복잡하기 때문에, 상세히 검토되어야 하며, 기업과 투자자 간에는 항상 상반되는 입장이 존재하기 때문에 이에 대한 원만한 동의와 합의의 과정이 필요하다. 투자 계약서와 관련해서는 일반인들이 부동산을 매매하거나 전세나 월세 계약을 할 때 부동산 등기부등본을 계약 전후로 확인하는 것처럼, 기업과 투자자는 정관변경이나 주주명부, 등기부등본 변경 등 여러 서류와 법무 검토에 따른 확인과 진행이 동반되게 된다. 그 내용이 모두 확인되면 빠르면 며칠 늦으면 수 주가 지난 후에 투자금이 기업의 계좌로 납입되게 된다.

PART 7

가치의 밸류업

와우팩터와 스토리텔링

와우팩터(Wow Factor)는 투자자들에게 강렬하고 긍정적인 인상을 주어 투자 유치 가능성을 크게 높이는 핵심 요소를 말한다. 이는 단순히 사업 아이템의 혁신성이나 시장성에 더해, 투자자들의 마음을 사로잡고 감탄을 자아내는 특별한 매력을 의미한다.

기업이 투자 유치 과정에서 와우팩터를 효과적으로 어필한다면, 경쟁 기업들과 차별화되고 투자자들의 기억에 오래 남을 수 있다. 이는 곧 투자 결정에 긍정적인 영향을 미치고, 더 나아가 유리한 조건으로 투자를 유치하는 데 도움이 될 뿐만 아니라, 기업이 성장하기 위해 기업이 스스로 갖추어야 하는 스토리텔링에도 포함되어야 하는 요소다.

투자 관점에서 와우팩터가 중요한 이유는 수많은 투자 기회 속에서 투자자의 시선을 사로잡고, 긍정적이며 차별화된 첫인상을 심어줄 수 있기 때문이다. 혁신적인 아이디어, 뛰어난 팀워크, 압도적인 기술력 등은 투자자에게 높은 성장 가능성에 대한 기대감을 불어넣으며, 명확한 비전 제시, 구체적인 실행 계획, 시장 경쟁력 입증 등은 투자자의 신뢰를 얻는 데 중요한 역할을 한다.

또한, 흥미롭고 설득력 있는 스토리텔링은 투자자의 감성을 자극하고, 기업에 대한 공감대를 형성해 투자 결정을 이끌 수 있으며, 투자자들의 긍정적인 경험과 평가를 통해 다른 투자자들에게도 좋은 영향을 미쳐 투자 유치에 유리하게 작용하게 된다. 핵심은 투자자의 입장에서 매력적인 요소가 무엇인지 파악하고, 이를 효과적으로 제시하는 것이다. 단순히 좋은 아이디어를 나열하는 것이 아니라, 투자자들이 궁금해하는 핵심 질문에 명확하고 자신감 있는 답변을 제공해야 하는 것이다. 성공적인 투자 유치를 위해서는 본질적인 경쟁력 강화와 더불어, 투자자에게 강렬한 와우팩터를 효과적으로 전달하는 전략이 필수적이다.

기업가는 시장과 투자자의 요구와 욕망을 꿰뚫을 수 있어야 한다. 단순한 능력과 목표가 아닌 비전과 성장에 대한 자신만의 스토리가 있어야 한다. 그 스토리가 만들어진 계기와 전개와 하이라이트와 결말이 기승전결이 한마디로 표현될 수 있어야 한다.

과거와 달리 비즈니스 시장은 점점 단순한 기술력이나 제품력보다는 기업이 가진 스토리텔링에 따라 그 기업의 성패가 좌우되고 있는 경향이 나타나고 있다. 가장 맛있는 음식점이나 제일 우수한 서비스를 제공하는 장소보다도 오히려 스토리텔링이 잘된 곳으로 더 많은 사람이 몰리는 이야기에 대해서 많이 들어봤을 것이다. 그렇다고 해서 전혀 근거와 맥락이 없이 접근해서는 제대로 된 스토리텔링이라고 할 수 없다. 좋은 스토리텔링을 위해 기본적으로 갖추어야 할 것들은 다음과 같다.

- 구체적인 성장 전략 및 실행 계획 : 단기적 목표와 장기적 비전을 명확히 제시하고, 이를 달성하기 위한 구체적인 전략과 실행 계획을 보여준다.
- 매력적인 비즈니스 모델 : 수익 창출 방식의 독창성, 확장 가능성, 지속

가능성 등을 투자자의 관점에서 명확하게 설명한다.
- 차별화된 고객 경험 : 경쟁사 대비 우수한 고객 만족도, 충성 고객 확보 전략 등을 제시해 성장 가능성을 어필한다.
- 사회적 가치 및 윤리적 경영 : 기업의 사회적 책임, 환경 보호 노력, 투명한 경영 방식 등은 긍정적인 이미지를 형성하고 투자 유치에 도움이 될 수 있다.
- 데이터 기반의 성장 증명(트랙션) : 초기 고객 확보, 매출 성장, 사용자 증가 등 객관적인 데이터를 제시해 사업의 성장 가능성을 입증한다.
- 설득력 있는 스토리텔링 : 기업의 탄생 배경, 문제 해결 과정, 미래 비전 등을 감동적이고 흥미롭게 전달해 투자자의 공감을 얻는다.

투자 유치에 걸리는 시간과 돈이 떨어질 때까지의 시간

기업의 대표가 투자 유치를 결정하는 데는 여러 가지 이유가 있다. 그리고 그것을 결정했다고 모르는 투자자로부터 원하는 투자금이 바로 들어오는 것도 아니다. 투자 유치에 걸리는 시간은 여러 요소에 따라 달라지며, 투자 규모, 기업의 준비 상태, 투자자의 성향 등 다양한 요인이 영향을 미친다.

일반적으로 스타트업이나 벤처 기업이 투자 유치를 진행할 때, 투자 유치에 걸리는 시간은 기업의 의지나 준비상황에 따라 다르다. 기업이 잘 준비된 비즈니스 모델과 피치 덱(Pitch Deck, 사업계획서)을 갖추고 있으면 투자자와의 미팅을 빠르게 진행할 수 있다. 준비가 부족하면, 그만큼 준비기간이 길어지게 된다. 또한 이미 안정적인 실적과 성장 가능성을 보유한 기업은 투자 유치가 상대적으로 빠르게 진행될 수 있으나 현실적으로 그렇지 못한 기업들도 많다.

초기 단계의 스타트업에서 시드(Seed) 투자를 유치하는 데 걸리는 시간은 보통 3~6개월 정도가 일반적이다. 이 시기에는 투자자들이 리스크가 크기 때문에 기업의 비전과 팀, 시장 잠재력 등을 중요하게 평가한다.

시리즈 A 단계에서는 일정한 실적과 시장 검증이 요구되므로, 투자 유치에 걸리는 시간은 6개월에서 1년 정도 걸릴 수 있다. 더 많은 투자자가 참여하고, 논의가 복잡해질 수 있기 때문이다. 그리고 시리즈 B 이상의 라운드는 이미 확립된 비즈니스 모델과 고객 기반을 갖춘 기업들이 대상이다. 이 경우, 3~6개월 정도 걸릴 수 있지만, 대규모 투자가 필요한 경우 시간이 더 길어질 수 있다.

기업의 대표가 투자에 대한 이해도와 의지가 높고, 기존 네트워크가 잘 구축되어 있는 경우, 투자자들과의 접촉이 더 원활하고 빠르게 이루어질 수 있다. 인맥이나 추천을 통해 투자자들에게 접근하면 유치가 더 빨리 진행될 수 있다. 반면, 그렇지 못할 경우, 투자자들과의 첫 만남부터 계약 체결까지 시간이 더 걸리게 된다.

투자자의 스타일에 따라서도 투자에 걸리는 시간은 달라지는데, 엔젤 투자자는 개인적인 관심과 빠른 결정을 내릴 수 있어, 몇 주에서 3개월 내에 투자 결정을 내릴 수 있고, 상대적으로 벤처캐피탈은 투자 의사결정이 보다 복잡하고, 내부 검토 과정이 길어질 수 있어서, 이 경우, 3개월에서 6개월 이상의 시간이 걸릴 수 있다.

투자 유치 과정은 법적 계약과 협상을 포함한다. 따라서 계약서 작성, 투자 조건 협상 등도 시간이 걸릴 수 있는 부분이다. 이 과정에서 시간이 오래 걸릴 수 있으며, 특히 여러 투자자가 참여하는 경우 조정해야 할 사항이 많아질 수 있다.

그리고 시장 환경이나 경제 상황에 따라서도 투자 유치 시간이 달라질 수 있다. 예를 들어, 경기 침체기에는 투자자들이 보수적으로 접근할 수 있어 유치가 어려울 수 있으며, 경제 호황기에는 더 많은 투자자들이 빠르게 참여할 수 있는 것이다.

 # 고객 가치 모델

 기업의 가치는 고객의 가치 제고를 통해 더욱 높이 평가받을 수 있다. 아무리 좋은 기술을 가지고 좋은 제품과 서비스를 만든다고 하더라도 고객에게 그 가치를 전달하지 못하고 시장과 상호작용하지 못한다면 비즈니스 가치평가에서 높은 평가를 기대하기 어렵다. 기업 가치의 제고를 위해 고객 가치 제고 전략이 필요하며 그 내용은 대략 이렇다.

구분	WHO	WHY	HOW
고객 가치	고객에게 어떤 보다 높은 가치를 제공할 것인가?	고객이 원하는 가치는 무엇이며, 고객의 고객은 무엇을 원하는가?	고객이 원하는 가치를 어떻게 어떤 방식으로 제공할 것인가?
수익	어떤 고객으로부터 수익을 얻을 것인가?	고객은 왜 나의 가치에 비용을 지불하는가?	고객에게 어떻게 더 높은 가치를 제공할 수 있는가?
전략	기존 고객에게 더 많은 가치를 제공할 것인가? 새로운 고객을 더욱 크게 확대할 것인가?	고객의 생각하는 나의 경쟁력은 무엇이고, 그 경쟁력을 어떻게 강화할 수 있는가?	고객에 대한 가치 제고에 따라 수익과 규모는 어떻게 성장할 것인가?

 고객 가치 제고 전략은 기업이 자사의 제품이나 서비스가 고객에게 제공하는 가치를 향상하기 위한 다양한 방법을 의미한다. 고객 가치를

높이면 고객 만족도가 증가하고, 충성도와 재구매율이 높아지며, 결국 기업의 수익성과 시장 경쟁력을 강화하는 데 기여할 수 있게 된다. 고객 가치 제고는 고객 중심적 사고에서 출발해 고객의 필요와 기대를 충족시키고 그 이상의 가치를 제공하는 것을 목표로 하는데, 그 주요 전략에는 다음과 같은 것들이 있다.

1. 고객 맞춤화(Personalization)

① 고객 데이터 분석 : 고객의 구매 패턴, 선호도, 행동 데이터를 분석해 각 고객에게 맞춤화된 서비스를 제공하는 것이다. 이를 통해 고객은 자신에게 딱 맞는 상품이나 서비스를 받을 수 있어 만족도가 높아진다.

② 개인화된 마케팅 : 이메일, 광고, 제품 추천 등을 고객의 성향에 맞게 개인화해 제공함으로써 고객이 더 큰 가치를 느끼게 할 수 있다. 예를 들어, 아마존이나 넷플릭스는 고객의 이전 구매나 시청 기록을 기반으로 맞춤형 추천 시스템을 운영한다.

2. 품질 향상 및 혁신

① 제품 품질 개선 : 고객이 만족할 수 있도록 제품의 품질을 지속적으로 향상시키는 것이 중요하다. 이는 고객의 기대를 뛰어넘는 품질을 제공해 브랜드 충성도를 높이는 방법이다.

② 지속적인 혁신 : 기술 발전에 맞춰 제품이나 서비스를 혁신해 고객에게 새로운 가치를 제공한다. 예를 들어, 스마트폰 제조업체들은 매년 새로운 기능을 추가하거나 성능을 개선해 고객에게 지속적으로 혁신적인 가치를 제공한다.

3. 우수한 고객 서비스

① 고객 지원 강화 : 고객이 문제가 생겼을 때 즉각적이고 효과적인 지원을 제공하는 것은 고객의 가치를 높이는 중요한 요소다. 빠르고 친절한 고객 서비스는 고객의 신뢰를 얻고, 불만을 최소화하는 데 도움을 준다.

② 옴니채널 고객 서비스 : 고객이 다양한 채널을 통해 문의할 수 있도록 다양한 커뮤니케이션 수단을 제공하는 것이다. 이메일, 전화, 소셜 미디어, 웹사이트 챗봇, AI 등 여러 경로를 통해 고객의 편의를 제공한다.

4. 고객 경험 향상(CX)

① 고객 여정 최적화 : 고객이 기업과 상호작용하는 모든 접점을 최적화해 일관되고 긍정적인 경험을 제공한다. 구매 전, 중, 후의 모든 과정에서 고객의 불편을 최소화하고 편리함을 최대화하는 것이 중요하다.

② 편리한 구매 과정 : 제품을 쉽게 구매할 수 있도록 간편 결제 시스템, 직관적인 웹사이트, 모바일 앱 등의 기능을 제공한다.

5. 브랜드 충성도 프로그램

① 로열티 프로그램 : 고객에게 혜택을 제공하는 로열티 프로그램을 통해 재구매를 유도하고, 고객의 가치를 높이는 방법이다. 예를 들어, 적립 포인트 시스템이나 멤버십 혜택을 제공해 고객이 지속적으로 상품을 구매하도록 유도할 수 있다.

② 추천 보상 프로그램 : 기존 고객이 새로운 고객을 추천할 때 보상

을 제공하는 방식이다. 추천 프로그램을 통해 고객의 참여도를 높이고, 더 많은 신규 고객을 유치할 수 있다.

6. 가격 전략
① 합리적인 가격 책정 : 고객이 느끼는 가치를 고려해 가격을 설정하는 것이 중요하다. 가격은 품질과 일치해야 하며, 경쟁력 있는 가격 책정을 통해 고객에게 더 높은 가치를 제공할 수 있다.
② 가치 기반 가격 책정 : 고객이 느끼는 가치에 따라 가격을 책정하는 전략이다. 고객이 더 높은 가치를 느낄수록 더 높은 가격을 지불할 준비가 되어 있을 수 있기 때문에, 이 전략을 통해 수익성을 높일 수 있다.

7. 고객의 목소리 반영
① 고객 피드백 수집 및 반영 : 고객의 의견을 적극적으로 수집하고, 이를 개선에 반영하는 것이 매우 중요하다. 고객의 불만과 요구사항을 해결하는 과정에서 고객이 느끼는 가치를 높일 수 있다.
② 고객 설문조사 및 인터뷰 : 주기적인 고객 설문조사나 인터뷰를 통해 고객의 기대와 불만을 파악하고, 이를 바탕으로 서비스를 개선할 수 있다.

8. 지속 가능성과 사회적 책임
① 지속 가능한 제품 제공 : 환경친화적이고 지속 가능한 제품을 제공해 고객에게 사회적 책임을 다하는 이미지를 심어준다. 많은 고객이 환경을 고려한 제품을 선호하고 있기 때문에, 지속 가능한 제품

을 통해 기업의 가치를 높일 수 있다.

② 사회적 기업 활동 : 기업이 사회적 책임을 다하는 활동을 함으로써 고객의 가치를 증대시킬 수 있다. 예를 들어, 기부나 자원봉사 활동 등은 고객에게 긍정적인 이미지를 줄 수 있다.

9. 커뮤니케이션 및 브랜드 스토리텔링

① 브랜드 스토리텔링 : 기업의 비전, 미션, 가치 등을 고객에게 이야기하는 방식이다. 감동적이고 진정성 있는 브랜드 이야기는 고객의 감정을 자극하고, 고객이 브랜드와 더 깊은 연결을 느끼게 한다.

② 소셜 미디어 활용 : 소셜 미디어를 통해 고객과의 소통을 강화하고, 고객의 피드백을 실시간으로 반영하며, 브랜드의 신뢰를 쌓아가는 방식이다.

 # 스몰비즈니스 자금조달

스몰비즈니스 자금조달은 사업을 시작하거나 확장하려는 소규모 기업이 필요한 자금을 확보하는 방법을 말한다. 자금조달은 창업 초기에 사업을 운영할 수 있도록 돕는 중요한 과정이다. 자금을 확보하는 방법은 여러 가지가 있으며, 각 방법은 기업의 상태나 필요 자금 규모, 신용도 등에 따라 달라질 수 있다. 스몰비즈니스 자금조달 방법들은 다음과 같다.

1. 자기자본(Self-Funding)

자기자본은 창업자가 본인의 개인 자산을 활용해 사업을 시작하는 방법이다. 이는 대출이나 외부 자금 없이 사업을 운영할 수 있다는 장점이 있지만, 개인의 재정적 위험이 클 수 있다(예시 : 개인 저축, 가족이나 친구로부터의 지원 등).

2. 친구와 가족으로부터의 자금조달

창업자가 친구나 가족에게 자금을 빌리거나 투자를 요청하는 방법이다. 이 방법은 상대적으로 조건이 유연하고 신속할 수 있지만, 개인적인 관계가 사업 실패로 인해 영향을 받을 수 있는 위험이 있다(예시 : FFF, Family, Friend, Fool).

3. 소기업 대출(Small Business Loans)
① 은행 대출 : 상업은행에서 제공하는 대출로, 신용도가 높을 경우 상대적으로 낮은 이자율을 제공받을 수 있다. 대출 승인을 받기 위해서는 사업계획서, 재무제표, 신용 기록 등 다양한 서류가 필요하다.
② 정부 지원 대출 : 정부에서는 소기업을 지원하기 위해 다양한 대출 프로그램을 운영한다. 대체로 저금리로 대출을 제공하며, 신용도가 낮은 경우에도 받을 수 있는 지역 프로그램들이 있다. 비교적 큰 자금을 필요할 때 유리하며, 신용도가 높다면 유리한 조건으로 대출받을 수 있으나, 대출 상환 압박과 금리 부담, 대출받기 위한 서류 준비가 번거로울 수 있다.

4. 벤처캐피탈(VC) 및 엔젤 투자자
① 벤처캐피탈 : 벤처캐피탈 회사는 높은 성장 가능성을 가진 스타트업에 투자한다. 이들은 사업에 자금을 제공하는 대신, 주식이나 지분을 요구한다. 벤처캐피탈은 일반적으로 고위험 고수익을 추구하는 투자자들이며, 기술 기반이나 혁신적인 비즈니스 모델을 가진 기업을 선호한다.
② 엔젤 투자자 : 엔젤 투자자는 개인 투자자로, 사업 초기 단계에서 자금을 제공하는 사람들이다. 보통은 자금뿐만 아니라 경영에 대한 조언과 멘토링을 제공하기도 한다. 엔젤 투자자는 일반적으로 스타트업의 성장 가능성에 투자하며, 회사를 통해 일정 부분 지분

을 확보한다. 자금 지원과 함께 경영 노하우나 네트워크 지원을 받을 수 있으나, 투자자와의 관계에서 지분을 일부 포기해야 하며, 사업에 대한 통제권이 줄어들 수 있다.

5. 크라우드펀딩(Crowdfunding)

크라우드펀딩은 인터넷 플랫폼을 통해 다수의 개인 투자자에게 자금을 모으는 방법이다. 크라우드펀딩 플랫폼을 통해 제품이나 서비스에 대한 예비 고객을 확보할 수 있다. 사업 아이디어에 대한 시장 반응을 미리 파악할 수 있고, 대출이나 지분 양도를 하지 않고 자금을 모을 수 있으나, 캠페인 성공이 보장되지 않으며, 공개적인 플랫폼에서 아이디어를 알리게 되어 경쟁자가 생길 수 있다.

6. 정부 보조금 및 지원금

일부 정부는 소기업을 위한 보조금이나 지원금을 제공한다. 이러한 자금은 상환할 필요가 없으며, 주로 연구개발(R&D), 고용 창출, 기술 혁신 등을 목표로 지원된다. 상환 의무가 없고, 사업이 성장하는 데 필요한 자금을 지원받을 수 있으나, 신청 절차가 복잡하고 경쟁이 치열할 수 있다.

가치의 교환

가치의 교환은 비즈니스의 존재 이유이자 핵심 동력이다. 비즈니스는 근본적으로 고객에게 가치를 제공하고, 그 대가로 이익을 얻는 활동이기 때문이다. 이 주고받는 행위, 즉 가치의 교환이 원활하게 이루어질 때 비즈니스는 성장하고 지속 가능성을 확보할 수 있다.

기업은 제품, 서비스, 정보 등 다양한 형태의 가치를 고객에게 제공하고, 고객은 그 가치에 대한 대가로 돈을 내게 된다. 이 과정이 바로 수익 창출의 기본적인 메커니즘이다. 고객이 제공된 가치가 지불한 비용보다 크다고 인식할 때 만족감을 느끼고, 이는 재구매와 브랜드 충성도로 이어진다. 지속적인 가치 교환은 장기적인 고객 관계 구축의 핵심이다.

고객의 니즈를 충족시키거나, 이전에는 경험하지 못했던 새로운 가치를 제공하는 기업이 시장에서 경쟁 우위를 확보하고 성장할 수 있다. 끊임없는 가치 창출과 제안은 비즈니스 혁신의 원동력이다. 그리고 시장에서의 가치 교환은 수요와 공급의 법칙에 따라 자원이 효율적으로 배분되도록 하며, 고객에게 더 큰 가치를 제공하는 기업으로 자원이 집중되고, 이는 전체 경제의 효율성을 높이는 데 기여된다. 또한, 단기적인 이익 추구를 넘어, 사회적 가치나 환경적 가치를 함께 제공하는 비즈니스는 더 넓은 범위의 이해관계자로부터 지지를 얻고 장기적으로 지속 가능한 성장을 이룰 수 있게 된다.

성공적인 비즈니스 모델은 명확한 가치 제안(Value Proposition)을 기반으로 한다. 이는 기업이 고객에게 어떤 가치를 제공할 것인지, 그리고 그 가치가 고객의 어떤 문제를 해결하거나 어떤 니즈를 충족시킬 것인지를 구체적으로 정의하는 것이며, 기업이 제공하는 가치에 대해 고객으로부터 어떻게 대가를 받을 것인지를 정의하는 것이다.

가치의 교환 투자는 투자자가 자산의 내재 가치가 시장 가격보다 높다고 판단될 때 해당 자산을 매수하는 투자 전략이다. 이러한 투자자는 시장이 자산의 진정한 가치를 결국 인식하게 될 것이라고 믿으며, 그로 인해 이익을 얻을 수 있다고 기대한다.

핵심적인 가치 교환 투자의 원칙은 내재 가치 분석, 안전 마진 확보, 장기 투자, 시장 비효율성 활용 등이다. 투자 대상 자산의 재무 상태, 수익성, 자산, 경쟁 환경 등을 종합적으로 분석해 고유한 가치를 평가하고, 내재 가치보다 낮은 가격에 매수해 예상치 못한 위험이나 시장 변동성에 대응할 수 있어야 한다. 그리고 단기적인 시장 변동에 흔들리지 않고, 자산의 가치가 시장에 반영될 때까지 장기간 보유하는 것을 목표로 해야 하며, 시장의 비대칭성을 활용해 시장이 일시적으로 자산의 가치를 제대로 평가하지 못하는 상황을 이용해 저평가된 우량 자산을 매수한다.

가치사슬과 가치시스템

마이클 포터(Michael Eugene Porter)의 비즈니스 가치사슬(Value Chain)은 기업이 제품이나 서비스를 생산하고 판매하는 모든 과정을 주요 활동과 지원 활동으로 나누어 분석하는 프레임워크다. 투자 관점에서 이 가치사슬을 이해하는 것이 매우 중요하며, 투자 결정에 있어서 영향을 미칠 수 있다.

어떤 기업은 어떤 활동에서 가치를 창출하는가? 가치사슬 분석을 통해 기업이 어떤 핵심 활동에서 경쟁사 대비 우위를 확보하고 있는지 파악할 수 있다. 예를 들어, 뛰어난 기술 개발 능력, 효율적인 생산 시스템, 강력한 유통망, 차별화된 마케팅전략 등이 경쟁 우위의 원천이 될 수 있다.

기업의 비즈니스 모델과 가치 시스템이 지속 가능한 경쟁 우위인가? 단순히 특정 활동을 잘하는 것을 넘어, 그 우위가 모방하기 어렵고 장기간 유지될 수 있는 것인지 평가해야 한다. 특히, 독점적인 자원 접근, 강력한 브랜드 인지도, 네트워크 효과 등이 지속 가능한 경쟁 우위의 요소가 될 수 있다.

한편, 가치사슬의 각 단계별로 발생하는 비용과 창출되는 가치를 분석해 수익성이 높은 영역과 개선이 필요한 영역을 파악할 수 있다. 또한, 기업의 전체적인 비용구조를 이해하고, 경쟁사 대비 효율적인 비용 관리가 이루어지고 있는지 평가할 수 있고, 특정 활동에서 불필요한 비용이 발생하거나 비효율적인 프로세스가 있다면 투자 위험요소로 간주할 수 있다.

기업이 새로운 시장이나 제품으로 확장할 때 기존의 가치사슬을 어떻게 활용하고 확장할 수 있는지 평가할 수 있으며, 산업구조가 변화하거나 새로운 기술이 등장했을 때, 기업이 가치사슬을 유연하게 재구성하고 적응할 수 있는 능력을 평가하게 된다. 기존 가치사슬의 비효율성을 개선하거나 새로운 가치를 창출하는 혁신적인 기술이나 비즈니스 모델을 가진 기업에 투자 기회를 포착할 수 있으며, 시장에서 저평가되어 있지만, 분석 결과 강력한 가치사슬과 성장 잠재력을 가진 기업을 발굴할 수 있다.

한편, 가치사슬 내에서 특정 활동에 대한 의존도가 높거나, 외부 환경 변화에 취약한 연결 고리가 있다면 투자 위험요소로 작용할 수 있다. 예를 들어, 특정 공급업체에 대한 높은 의존도, 핵심 기술 인력 부족 등이 위험 요인이 될 수 있으며, 경쟁사의 혁신적인 가치사슬 구축이나 새로운 경쟁자의 등장으로 인해 기존 기업의 경쟁 우위가 약화 될 수도 있다.

투자자는 기업의 가치사슬 평가를 통해 경쟁 우위를 확인할 수 있고, 기업은 기업이 가진 가치사슬을 투자자들에게 잘 표현함으로써 높은 가치평가를 받을 수 있다. 기업은 기업이 가진 핵심 가치 창출 활동, 효율적이고 차별화된 경쟁력, 수익성과 가치사슬의 구조, 그리고 그 가치사슬을 통한 성장 잠재력 확보에 대한 가능성을 구축해 지속할 수 있어야 한다.

 **가치를 만드는 단계**

　스타트업 단계에서 초기 투자는 다음 단계에 이를 때까지 성장하며 버틸 수 있는 자금이어야 한다. 다음 투자 단계까지 이르지 못한다면 그 밸류에이션도 초기 투자금도 의미 없이 사라지게 된다.
　스타트업 단계에서 수십억 수백억 원은 평생 꿈꿔보지도 못할 큰돈처럼 여겨지기도 하지만 그 정도 규모의 금액은 꿈을 이루기 위해 해내야 하는 일의 측면에서 볼 때는 턱없이 부족한 돈일 때가 많다. 투자는 은행에 담보를 제공하고 받는 대출과는 엄연히 다르다. 훌륭한 기업 중에서도 자본 활동에서 있어서 투자의 단계나 금액의 규모를 적절히 하지 못해서 어려움을 겪다가 버티지 못하고 사라지는 기업도 허다하다. 기업가는 무에서 가치를 창조해내는 사람이다. 없는 가치도 만들어야 하는 기업가가 있는 가치도 의미 없게 만들어서는 안 될 일이다.

　스타트업 투자의 단계는 투자자들이 스타트업에 자금을 투자하는 과정에서, 그 기업의 성장 단계에 따라 여러 단계로 나눠질 수 있다. 각 단계는 스타트업의 성장과 리스크에 따라 투자 금액, 투자자 유형, 투자 조건 등이 달라진다. 일반적으로 스타트업 투자는 다음과 같은 주요 단계로 나눠진다.

1. 시드 단계(Seed Stage)
① 투자 목적 : 창업 아이디어 또는 초기 프로토타입 개발을 위한 자금 지원
② 투자 규모 : 일반적으로 비교적 적은 규모로, 수십만 달러에서 수백만 달러까지 다양
③ 투자자 : 엔젤 투자자, 초기 벤처캐피탈(VC) 펀드, 크라우드 펀딩 플랫폼 등
④ 위험도 : 매우 높음. 스타트업이 아직 시장 검증을 받지 않은 초기 단계이기 때문에 사업 모델의 성공 가능성에 대한 확신 부족
⑤ 목표 : 제품/서비스 개발, 시장 조사, 초기 사용자 확보, 팀 빌딩 등

2. 초기 단계(Early Stage)
① 투자 목적 : 스타트업이 시장에 진입하고 제품을 개선하며 초기 고객을 확보할 수 있도록 돕는 자금 지원
② 투자 규모 : 일반적으로 수백만 달러 규모의 투자
③ 투자자 : 초기 벤처캐피탈(VC), 일부 엔젤 투자자, 기업 벤처캐피탈 등
④ 위험도 : 여전히 높지만, 시드 단계보다는 시장과 제품에 대한 초기 검증이 이루어졌을 가능성
⑤ 목표 : 시장에서의 입지 확보, 제품 개선, 비즈니스 모델의 검증, 매출 발생, 고객 기반 확대 등

3. 성장 단계(Growth Stage)

① 투자 목적 : 스타트업이 본격적으로 성장을 위해 필요한 자금을 지원하며, 대규모 시장 확장을 목표
② 투자 규모 : 수십억 원에서 수백억 원 이상까지 가능
③ 투자자 : 벤처캐피탈(VC), 사모펀드(PE), 대형 투자 기관 등
④ 위험도 : 이전 단계보다 낮아지지만, 여전히 리스크가 존재. 기업이 빠르게 성장하고 있으며, 사업 모델이 검증되었거나 실험되고 있는 단계
⑤ 목표 : 시장 점유율 확대, 글로벌 진출, 주요 파트너십 체결, 조직 확장 등

4. 상장 준비 및 후속 투자(Pre-IPO/Late Stage)

① 투자 목적 : 스타트업이 상장(IPO) 또는 대규모 인수 합병(M&A)을 준비하는 단계에서 자금을 조달해 더 큰 성장을 도모
② 투자 규모 : 수백억 원에서 수천억 원까지 가능. 기업 규모와 시장 상황에 따라 다름.
③ 투자자 : 대형 벤처캐피탈(VC), 사모펀드(PE), 전략적 투자자 등
④ 위험도 : 위험은 상대적으로 낮지만, 상장 시점까지 시장 변동이나 규제 리스크 등 외부 요인에 따라 불확실성이 존재
⑤ 목표 : IPO 준비, 글로벌 진출 확대, 중요한 전략적 파트너십 체결, 시장 지배력 강화 등

5. 상장(IPO)

① 투자 목적 : 스타트업이 공개적으로 주식 시장에 상장해 자금을 모

집하고, 창업자와 초기 투자자들이 자산을 현금화할 수 있는 단계
② 투자 규모 : 수천억 원 이상의 자금이 모집될 수 있음.
③ 투자자 : 상장 이후 일반 투자자들도 참여할 수 있으며, 주요 기관 투자자 등
④ 위험도 : 상장 후 기업은 공기업이 되며, 일반 투자자들도 기업의 성장과 수익을 공유할 수 있음. 하지만 여전히 시장과 경제 환경에 따라 변동성이 존재

 # 왜 상장하려고 하나

    기업가들은 상장(IPO)을 기업활동에서 주요한 마일스톤으로 삼고 기업을 경영해나가는 경우가 많다. 물론 상장 자체가 목표라고 하기보다는, 상장을 준비하는 과정에서 기업을 보다 투명하고 건실하게 운영하며, 상장 이후에, 더 많은 도약을 할 수 있는 기반을 마련하고자 하는 이유가 클 것이다.

    어떤 기업인들에게 있어서 상장의 과정은 제품을 만들고 영업을 해 매출을 일으키는 것보다 훨씬 힘들다. 그 과정 또한 복잡하고 상장 이후에 공개된 시장에서 시기별로 과정별로 공시를 하고, 주주들을 대응하는 업무는 때로는 기업의 본연의 업무를 하는 데 오히려 방해가 된다고 생각될 수도 있다. 하지만 많은 기업이 상장을 하고 싶어 하고 그 지점을 향해 꿈을 꾸며 노력해도 그 목표에 이르기가 힘든 것은 그 수고에 못지않은 무언가가 있기 때문일 것이다. 상장했을 때 누릴 수 있는 기본적인 효과에는 다음과 같은 것들이 있다(KRX).

1. 경제적 측면

    ① 안정적 자금조달을 통한 기업 성장의 가속화

② 지배구조 개편 등에 필요한 다양한 수단 제공
③ 기업 인지도 및 브랜드 가치 제고
④ 종업원 사기진작 및 우수 인재 확보 용이
⑤ 주주의 이익 실현

2. 기업 운영 측면

① 자기주식 취득의 간소화
② 신주모집의 간소화
③ 액면 미달 발행 간소화
④ 주주배정 증자 시 통지 절차 간소화
⑤ 조건부 자본증권 발행 가능
⑥ 주식배당 한도 확대
⑦ 의결권 없는 주식의 발행 한도 확대
⑧ 주주총회 소집 절차 간소화

3. 세제 측면

① 주식양도소득세 비과세(소액주주)
② 상속 및 증여재산의 시가 평가
③ 증권거래서 절감(한국거래소)

 # 기업 가치 제고 전략

넓은 첨단 공장을 가지고 있거나 좋은 학력을 가진 인재를 보유하고 있다고 반드시 높은 가치평가를 받는다고 보기는 어렵다. 넓은 첨단 공장이라는 말은 제조를 효율적으로 해서 회사에 기여된다는 의미인데, 제조업을 않고 서비스업을 한다면 오히려 큰 공장은 손실을 가중하는 요인으로 작용할 수 있다. 또한, 미국의 유명한 대학 박사학위를 가진 인재를 채용했음에도 불구하고, 기업이 나아가고자 하는 방향이나 사업 범위에 속해 있지 않은 분야이고 지난 몇 년간 회사에 기여된 바가 거의 없다면, 그 인재를 통해 기업의 성장 가능성을 엿보기가 쉽지 않다.

기업 가치 제고 전략은 기업이 자신의 가치를 높이고, 장기적으로 지속 가능한 성장을 위해 사용하는 전략적 접근 방법이다. 기업 가치를 높이는 것은 투자자들에게 더 큰 매력을 제공하고, 주식 가치를 증가시키며, 전체적인 기업 경쟁력을 강화하는 데 중요한 역할을 한다. 기업 가치 제고를 위한 주요 전략은 다음과 같다.

1. 매출 증가 전략(Revenue Growth Strategy)

매출을 증가시키는 것은 기업 가치를 높이는 가장 직관적인 방법 중 하나다. 이를 위해 다음과 같은 전략을 사용할 수 있다.

① 신제품/서비스 출시 : 기존 시장에서 새로운 제품이나 서비스를 추가해 매출원 다각화

② 시장 확장 : 국내에서 성공을 거두었다면, 해외 시장으로 진출하거나 새로운 고객층을 타깃팅

③ 고객 세분화 및 타깃팅 : 다양한 고객층에 맞는 맞춤형 마케팅전략을 통해 매출을 증대

2. 비용 절감 및 효율성 증대
(Cost Reduction & Efficiency Improvement)

효율적인 운영은 기업이 자원을 더 잘 활용하고, 수익성을 높이는 데 도움을 준다. 비용 절감과 효율성 증대는 기업 가치 제고에 중요한 역할을 하게 된다.

① 자동화 및 디지털화 : 기술을 활용해 비효율적인 프로세스를 자동화하고, 업무 효율성을 높인다.

② 공급망 최적화 : 공급망을 최적화해 원가를 절감하고, 재고 비용을 줄일 수 있다.

③ 외주화 및 아웃소싱 : 비핵심 업무를 외부 업체에 아웃소싱해 비용을 절감시킨다.

3. 브랜드 가치 및 고객 충성도 강화
(Brand Value & Customer Loyalty)

브랜드 가치가 높으면, 기업의 평판과 신뢰도가 높아져 장기적인 성장이 가능하고, 고객 충성도를 얻을 수 있다.

① 고객 경험 향상 : 고객과의 상호작용을 개선하고, 고객 만족도를 높여 충성 고객을 확보

② 브랜드 강화 : 마케팅과 광고 전략을 통해 브랜드 이미지를 강화하고, 기업의 가치를 고객에게 명확히 전달

4. 차별화된 경쟁력 구축(Differentiation)

경쟁자와 차별화되는 경쟁력을 구축하면 기업은 시장에서 우위를 점할 수 있다. 이는 기업 가치를 높이는 데 중요한 전략이다.

① 혁신적인 기술 개발 : 경쟁자가 쉽게 따라올 수 없는 독창적인 기술을 개발해 경쟁 우위를 확보

② 특화된 시장 타깃팅 : 특정 분야나 시장에서 특화된 서비스를 제공해 경쟁자들과 차별화

5. M&A(인수합병) 전략

인수합병(M&A)을 통해 기업의 가치를 단기간에 증대시킬 수 있다. M&A는 새로운 시장에 진입하거나, 경쟁력을 강화하는 데 도움이 된다.

① 시너지 효과 : 두 기업이 합쳐지면서 더 큰 시너지를 낼 수 있는 경우, 기업 가치가 크게 증가할 수 있다.

② 자원 및 역량 통합 : 기존에 부족했던 기술, 인프라, 인적 자원 등을 통합해 기업의 역량을 강화한다.

6. 재무 구조 개선(Financial Restructuring)

재무구조의 개선은 기업이 더 효율적으로 자금을 운용하고, 리스크를 관리하는 데 도움이 된다.

① 부채 관리 : 불필요한 부채를 줄이고, 재정 건전성을 높이는 방식으로 기업의 신뢰도를 높인다.

② 자본 확충 : 투자 유치나 자산 매각 등을 통해 자본을 확충해 성장 여력을 확보한다.

③ 배당 정책 개선 : 주주들에게 안정적인 배당을 제공하거나, 주식 환매 프로그램을 통해 주가를 올리는 전략을 사용할 수 있다.

7. 리더십 및 조직 문화 개선
(Leadership & Organizational Culture)

강력한 리더십과 긍정적인 조직 문화는 기업이 지속적으로 성장하는 데 중요한 요소다.

① 경영진의 역량 강화 : 경영진의 비전과 리더십을 강화해 기업의 미래 성장 동력을 제시한다.

② 조직 문화 개선 : 열린 소통, 창의성, 협업을 장려하는 문화를 조성해 직원들의 생산성과 만족도를 높인다.

8. 기술 혁신 및 디지털화
(Technological Innovation & Digital Transformation)

기술 혁신과 디지털화를 통해 기업은 시장에서 경쟁력을 확보하고, 더 나은 생산성과 서비스를 제공한다.

① 자동화 : 생산 공정 및 서비스의 자동화를 통해 비용 절감과 품질

개선을 이룰 수 있다.

② 빅데이터 및 AI 활용 : 빅데이터와 인공지능을 활용해 고객의 행동을 분석하고, 맞춤형 제품/서비스를 제공해 경쟁 우위를 확보한다.

9. 사회적 책임 경영(CSR) 및 지속 가능성 (Sustainability)

지속 가능한 기업 운영과 사회적 책임을 다하는 기업은 장기적으로 더 큰 가치를 창출할 수 있다.

① 환경친화적 경영 : 친환경적인 제품 개발, 에너지 절약, 탄소 배출 감소 등을 통해 기업의 사회적 이미지를 높인다.

② 사회적 책임 : 기업의 사회적 책임을 다하고, 지역 사회나 환경에 기여하는 활동을 통해 브랜드 신뢰를 강화한다.

10. 투명한 경영과 주주 가치 제고 (Transparent Governance & Shareholder Value)

① 기업이 투명하고 윤리적인 경영을 실천하면, 투자자들과 주주들의 신뢰를 얻을 수 있다. 이는 기업의 가치 제고와 직접 연결된다.

② 지배구조 개선 : 독립적이고 효율적인 이사회 운영을 통해 투명한 경영을 실현한다.

③ 주주와의 소통 : 주주와의 소통을 강화하고, 주주 가치를 실현하기 위한 정책을 수립한다.

투자가 잘되는 기업

경영자가 훌륭하고 사업이 성장하고 있다고 해서 그 기업이 투자가 잘되는 회사라고 볼 수만은 없다. 우선은 그 기업이 투자받고자 하는 의지가 커야 하고, 기업과 투자자 간의 목적과 비전이 일치할 때 투자가 잘 이루어진다. 일반적으로 투자가 잘되는 기업의 특징은 다음과 같다.

1. 우수한 경영진
 - 검증된 경영관리 능력 보유
 - 신뢰에 기반한 훌륭한 평판 보유
 - 핵심 기술력과 마케팅 전문가로 구성된 경영진 구성
 - 해당 분야에서의 전문가 집단으로 조직

2. 경쟁력 있는 제품과 솔루션
 - 독자적이고 차별적인 기술력 보유
 - 차별적이며 고부가가치를 제공하는 제품 또는 서비스
 - 독점적 특허기술이나 계약의 보유

3. 성장성 있는 시장과 산업

- 매출액이나 수익률이 높은 고부가가치 비즈니스
- 시장 점유율이 높고 해외 시장 진출 가능성이 높은 기업
- 진입장벽이 높은 기업
- 명확한 유통채널을 가지고 시장 확장성이 높은 기업
- 상장 또는 M&A 등 엑시트 전략이 명확한 기업

4. 합리적인 투자 조건

- 투자사의 포트폴리오 계획에 부합하는 사업 또는 산업 분야
- 상대적으로 유리한 투자 밸류에이션과 투자 조건
- 경영자와 또는 재무조직과의 소통이 원활한 기업
- 예상 투자 수익률이 위험대비 상대적으로 높은 기업
- 다양한 회수방법과 위험분산이 가능한 딜 구조

전략적 투자자와 재무적 투자자

　재무적 투자자(Financial Investor, FI)는 주로 투자 수익을 얻는 것을 최우선 목표로 한다. 이들은 기업의 성장 가능성과 재무 상태를 분석해 투자 결정을 내리며, 투자 후에는 경영에는 직접적으로 참여하기보다는 투자금 회수(Exit) 전략을 중요하게 생각한다. 벤처캐피탈(VC), 사모펀드(PE), 은행, 증권사 등이 대표적인 재무적 투자자에 해당하며, 이들은 투자한 기업의 가치를 높여 지분을 매각하거나, 배당 수익을 얻는 방식으로 수익을 실현하고자 한다.

　전략적 투자자(Strategic Investor, SI)는 단순히 재무적 수익뿐만 아니라, 자신의 사업 전략과 연계해 시너지 효과를 창출하는 것을 중요한 목표로 한다. 이들은 투자 대상 기업의 기술, 시장, 인력 등을 활용해 자사의 경쟁력을 강화하거나 새로운 사업 분야로 확장하는 것을 고려한다. 대기업, 기존 사업자와 연관된 기업 등이 전략적 투자자가 될 수 있다. 이들은 자금 지원 외에도 경영 노하우, 기술 제휴, 판로 확대 등 다양한 방식으로 투자 대상 기업의 성장에 기여될 수 있으며, 장기적인 파트너십을 구축하는 경향이 있다.

전략적 투자자와 재무적 투자자의 특징은 다음과 같다.

구분	전략적 투자자(Strategic Investor, SI)	재무적 투자자(Financial Investor, FI)
인수 대상	기존 경영진을 신뢰하지 않으나 회사의 자산은 업계 내에서 장기적인 가치가 있음.	경영진이 강하고, 현금흐름이 좋으며, 가치가 저평가되고 전략적 매수자에 대한 시너지 효과가 미미
인수 후 경영	이사회를 장악하고 경영권을 행사	전략적 인수자 대비 수동적인 투자자
투자자 자격	수요기반이 관련 산업에 속한 기업에 국한되므로 투자자 범위가 제한됨.	투자자의 범위가 넓음.
가격	산업적 시너지 효과를 기대해 프리미엄을 지급할 가능성이 큼.	시너지 효과를 도모하지 않으므로 프리미엄 지불의사가 거의 없어 전략적 인수자와 가격 경쟁하지 않음.
레버리지	레버리지가 필수 고려요소 아님.	상대적으로 레버리지 신호
목적	장기 투자 목적, 투자 수익률보다는 기업경쟁력 중시	상대적으로 단기적인 투자 수익 중시
EXIT	투자 회수에 집착하지 않음.	투자 회수 시스템을 절대적으로 필요로 함.
규모	소수지분 취득가능성 낮음.	소수지분 취득도 가능
키워드	대기업, CVC, Strategic Fit	PEF, EXIT

(출처 : 한국벤처캐피탈연수원)

PART 8

넥스트 밸류

# 기업가와 투자가의 본질

페이팔의 창업자이자 페이스북의 첫 외부 투자인인 피터 틸(Peter Thiel)은 실리콘밸리의 대표적인 기업가이자 투자가이며, 《제로 투 원》의 저자로도 유명하다. 또한, 영화 '반지의 제왕'에 나오는 천리를 보는 마법의 보석이라는 뜻을 가진 빅데이터 프로세싱 기업 '팔란티어(Palantir)'를 설립해, 또 다른 성공의 역사를 써나가고 있다.

피터 틸은 'PEG(Price Earnings to Growth Ratio, 주가이익증가비율)'를 성장기업을 평가하는 훌륭한 지표로 여겼다. 가장 잘 알려진 기업 가치평가법은 주당 시가를 주당 순이익으로 나눈 값, 즉, 'PER(Price to Earning Ratio, 주가수익비율)'인데, PER가 낮은 기업은 수익에 비해 비교적 저평가되어 있다는 뜻이므로 투자하기에 유리하다. 반대로 PER가 높은 기업은 가치에 비해 주가가 비싸게 형성되어 있는 것으로 여겨진다. 하지만 PER에는 기업의 성장률이 반영되지 않는다. 이는 여전히 자신의 기업을 성장시키고 있고, 여러 스타트업들에 투자해 성장을 도우며 새로운 자본을 창조해 나가고 있는 투자가로서 피터 틸의 기업평가방식에 관심이 가는 이유 중의 하나다.

기업가와 투자가의 본질은 각각의 역할에서 차이가 있지만, 그들이 추구하는 목적은 유사한 부분이 있다. 둘 다 비즈니스와 관련된 리스크를 감수하고, 자원을 효율적으로 배분하려는 측면에서 중요한 공통점이 있다.

기업가는 새로운 사업을 창출하거나 기존의 사업을 혁신하는 사람이다. 기업가는 아이디어나 기회를 발견하고 이를 실현하기 위해 실행에 옮긴다. 주로 창의력과 비전이 중요하며, 비즈니스의 시작부터 끝까지 책임을 지는 경우가 많다. 기업가는 자신의 자산과 시간을 투자해 새로운 사업을 시작하고, 그 사업이 성공할지, 실패할지 불확실한 상황에서 리스크를 감수해야 한다. 기업가는 혁신적인 제품이나 서비스를 통해 시장에서 차별화된 가치를 창출하고, 성공적인 비즈니스를 성장시켜 이윤을 얻는 것을 목표로 한다.

한편, 투자가는 자금을 다른 사람의 사업이나 프로젝트에 투자하는 사람이다. 투자가는 일반적으로 비즈니스를 창출하는 것보다는 이미 존재하는 기회나 사업에 자본을 제공해, 그 대가로 자본의 수익을 추구한다. 투자가는 사업을 시작하거나 운영하는 것에 직접 관여하지 않지만, 자금을 투자하면서 리스크를 감수한다. 투자가는 자산 배분, 리스크 관리 및 수익 예측에 대한 분석을 통해 결정을 내린다. 투자가는 자신의 자본을 효율적으로 운용해 이익을 얻는 것이 목표다.

기업가와 투자가는 모두 리스크를 감수하지만 그 방식과 정도는 다르다. 기업가는 사업이 성공할지 그렇지 않을지의 여부에 대한 리스크를 직접적으로 감수하고, 투자자는 자금을 투자해 리스크를 관리해야 한다. 둘 다 자본의 수익을 추구하며, 이를 위해 사업 기회나 투자 기회를 분석하고 선택한다.

즉, 기업가는 사업을 창출하고 성장시키는 주체이며, 투자자는 자본을 통해 다른 사람의 사업이 성장할 수 있도록 지원하는 역할을 한다. 양쪽 모두 경제적 성장을 추구하지만 그 방법과 접근 방식이 다르다. 이것이 비즈니스 가치평가를 통해 기업은 이제까지 지속해온 비즈니스의 가치와 성장성을 점검하고, 투자가는 그 기업의 성장 과정에서 투자를 통해 어떻게 기업가의 성장과 비전의 실현될 수 있을지를 살펴보고자 하는 주요한 이유 중의 하나다.

비히클, 한배를 타고 간다

비히클(Vehicle)은 일반적으로 투자, 자금조달, 또는 특정 목적을 달성하기 위해 사용되는 법적 구조나 실체를 의미한다. 단어의 뜻으로는 '탈것'이지만, 투자에 있어서 담을 수 있는 '그릇'이라는 의미를 담고 있다. 누군가에게 투자하고 싶다고 해서, 그 사람이 입은 옷의 주머니에 돈을 넣어 줄 수는 없는 노릇이다. 투자를 담고 그것을 성장시켜 나중에, 투자에 대한 회수를 줄 수 있는 구조나 실체가 필요한 것이다.

비히클은 기업 가치평가의 대상이 되기도 하고, 투자나 자금조달의 도구로써 기업 가치에 영향을 미치기도 한다. 따라서 기업 가치를 정확하게 평가하기 위해서는 해당 기업이 어떤 가치가 있는지, 어떤 비히클을 활용하고 있는지, 또 평가 대상 자체가 어떤 종류의 비히클인지 명확히 이해하는 것이 중요하다.

투자는 연애와 결혼에 종종 비유된다. 서로 교감이라는 과정을 거치게 되며, 아무리 한쪽에서 잘나고 훌륭하더라도 가만히 있으면 상대방이 그것을 알아차리기는 어렵다. 연애 기간에는 표현을 잘하고, 잘 설명해야 한다. 그러면서 믿음을 가지고 신뢰를 쌓게 된다. 그리고 그 신뢰가 완성되면 결혼이라는 지점에 도달하게 된다. 그것은 같은 배를 타고 오랜 시간을 함께 보내겠다는 약속이다. 한배에 함께 탄 사람들은 각자의 역할과 책임이 있다. 그것을 이제까지 쌓아온 신뢰를 통해 지속해야 한다. 결혼이 그렇듯이 투자도 목적지가 아닌 시작점이다. 기업의 성장단계별 투자도 그러하며, 누군가에게 매각하거나, M&A를 시키거나, 상장하는 모든 엑시트도 다 마찬가지다. 어떤 비즈니스나 기업에 투자한 후에 그것을 가만히 지켜만 보거나, 내버려 두기만 하려고 하는 투자자는 없을 것이다. 투자하기 전에 성장성과 수익성, 경쟁력, 잠재력 등을 충분히 검토한 뒤에, 투자라는 시작점으로부터 그 이후를 함께하는 것이다.

광범위한 의미의 투자에서 개인이 개인에게 투자할 수도 있겠지만, 투자를 받는 측의 입장에서 볼 때, 개인의 투자는 그 규모가 상대적으로 적을 수밖에 없다. 그래서 보통은 비히클은 컴퍼니(Company) 또는 엔티티(Entity)라는 단어와도 혼용해 사용된다. 즉, 주식을 발행할 수 있는 주체가 주식을 발행해 비즈니스를 운영하며 성장하는 과정에서 거기에 필요한 자금을 지원하고, 그 비히클의 가치를 상승시키는데 함께 투자되는 것이다.

투자 비히클은 투자자가 자산을 투자하는 데 사용하는 금융 상품이나 수단을 의미한다. 즉, 자금을 투자하고 수익을 얻기 위해 사용되는 다양한 방법이나 도구를 말하는 것이다. 그러한 비히클이 없다면, 개인의 주머니에 돈을 넣어주고 투자하기는 어렵고 그것을 회수할 수 있는 보장도 막연하다. 일반적으로 투자 비히클은 다음과 같은 형태가 있다.

- 주식 : 특정 회사의 지분을 구매해 수익을 얻는 투자 방법

- 채권 : 정부나 기업이 발행한 채권을 구매해 이자를 받는 투자 방법
- 부동산 : 토지나 건물을 구매하고 임대하거나 매도해 수익을 얻는 방법
- 펀드 : 여러 투자자들의 자금을 모아 다양한 자산에 투자하는 집합 투자 방식(예 : 뮤추얼 펀드, 상장지수펀드 ETF)
- 헤지펀드 : 다양한 전략을 통해 수익을 추구하는 사모펀드 형태의 투자
- 기타 대체 투자 : 예술품, 원자재, 암호화폐 등 전통적인 자산 외의 투자 방식

 기업이 목표한 비전을 달성하기 위해 아무리 좋은 아이디어와 사람이 있더라도, 그 비히클이 더욱 멀리 빠르게 가기 위해서는 연료가 필요하다. 투자는 그 연료를 제공하는 것과 같다. 비히클이라는 그릇이나 바구니 또는 탈 것에 직접 올라타서 앉지는 않더라도 그것이 더욱 커지고 성장하며 멀리 갈 수 있도록 돕는 것이다. 그리고 세상에는 수많은 비히클이 있다. 그 수없이 많은 비히클 중에서 투자자들은 어디에 올라탈지 항상 소싱하고 검토하고 분석한다. 그래서 투자를 받는 비히클은 다른 비히클에 비해서 보다 나은 가치와 비전을 투자자들에게 보여주려고 노력하게 되고, 그 과정을 통해 기업가와 투자자가 같은 배를 타고 멀리 갈지 말지를 결정하게 된다.

마스터플랜과
마일스톤 투자

어떤 비전을 삼고 그 장기적인 목표 달성을 위한 종합적인 계획을 마스터플랜이라 한다. 투자 분야에서는 개인 또는 기관 투자자가 장기간에 걸쳐 자산을 어떻게 운용하고 관리할 것인지에 대한 큰 그림을 의미한다.

비즈니스 투자에서 마스터플랜은 우선 그 투자의 목표가 무엇인지 명확히 하는 것이 중요하다. 그리고 그 비즈니스를 이끌어 가는 기업가 또는 책임자의 성향 및 투자 목표에 따른 적절한 위험 수준 설정하고, 그에 따라 다양한 자산을 적절한 비중으로 잘 배분하는 자산 배분 전략이 그 마스터플랜 투자의 성패를 좌우하게 된다. 이때, 시장 상황 변화, 비즈니스와 산업의 동향 등 다양한 실적과 현황에 대한 분석을 통해 미리 정한 마스터플랜이 목표한 대로 이루어질 수 있도록 정기적으로 검토고 수정해 나가는 것이 중요하다.

또한, 마일스톤 투자(Milestone Investment)는 특정 단계별 목표(마일스톤) 달성 여부에 따라 투자를 진행하는 방식을 말한다. 주로 스타트업이나 프로젝트 투자에 활용되는데, 초기 단계에는 소규모 투자를 진행하고, 이후 핵심 목표 달성 시 추가 투자를 실행하는 방식이다. 투자자는 각 마일스톤 달성 여부를 확인하며 투자 위험을 분산하고 관리할 수 있으며, 피투자 기업은 투자 유치를 위해 구체적인 목표를 제시하고, 달성 여부를 투명하게 공개해야 한다. 각 마일스톤 달성 시점마다 기업 또는 프로젝트의 가치를 재평가해 투자 의사결정에 활용할 수 있다.

가치평가를 하고 투자를 한다는 것은 비즈니스의 마스터플랜에 있어서 그 자체로 중요한 마일스톤이 된다. 스타트업이 핵심 제품을 런칭하거나, 초기 매출을 발생시키거나, 손익분기점을 달성하거나 하는 것들이 중요한 마일스톤이라면 이러한 마일스톤의 과정을 하나씩 달성해 나가면서 결국 마스터플랜을 성공시키게 되는 것이다. 마일스톤 투자는 개인 투자자의 장기적인 마스터플랜의 일부로 활용될 수 있다. 예를 들어, M&A나 상장이라는 엑시트 목표를 가진 투자자가 벤처 기업의 성장 가능성을 보고 초기 투자를 진행하면서, 기업의 특정 마일스톤 달성 여부에 따라 추가 투자를 결정할 수 있는 것이다.

마일스톤 투자는 추상적인 마스터플랜을 구체적인 투자 실행 전략으로 전환하는 데 도움을 줄 수 있다. 마스터플랜은 장기적인 투자 방향을 설정하는 나침반과 같은 역할을 하게 되며, 마일스톤 투자는 투자 과정을 단계별로 관리하고 위험을 조절하는 효과적인 전략이 될 수 있다. 투자자는 자신의 목표와 위험 감수 수준에 맞춰 마스터플랜을 수립하고, 투자 대상의 특성에 따라 마일스톤 투자 방식을 고려해 성공적인 투자를 이끌 수 있다.

비즈니스 가치평가를 하는 이유

기업이나 비즈니스에 대한 가치평가를 하는 경우는 대개는 크게 4가지다.

1. 자본조달을 하려고 할 때
2. 회사를 매각 또는 M&A를 하려고 할 때
3. 투자를 하려고 할 때
4. 기업이나 비즈니스의 가치를 평가해 회사 내부의 경영적, 재무적 판단을 하고자 할 때

기업이 성장하기 위해 자본조달이라는 과정을 거치게 된다. 그 규모나 시기에 따라 개인 투자자, 엔젤 투자자, 벤처캐피탈 또는 기업상장 등 여러 단계에 걸쳐 거기에 맞는 자본조달 활동을 하게 된다. 투자자는 기업 가치평가 결과에 따라 기업의 주식 가치에 따른 투자 금액과 지분율 등을 결정해 투자를 진행하게 된다.

기업을 운영하다가 어느 시점이 되면 회사를 매각하거나 다른 회사

와 합병을 하는 경우가 생기게 된다. 한국이 경우는 아직 미국 등 M&A가 활성화된 시장에 비해 이런 사례가 적고, 사람들의 인식에서도 회사를 판다는 자체가 잘되어서 높은 가치를 인정받고 매각되는 경우보다는 어려움을 겪으면서 다른 회사에 넘어간다는 다소 부정적인 인식이 남아 있다. 하지만 이러한 한국의 M&A 시장도 예전에 비해 많이 바뀌어가고 있으며, 미국에서 대형 스타트업들이 수조원에 M&A 되었다는 소식은 뉴스를 통해 자주 접할 수 있다. 우리가 잘 아는 일론 머스크(Elon Musk)나 피터 틸 등 성공한 기업가들도 사업 초기에 그 가치를 높게 인정받아 M&A를 통해 엑시트를 한 후, 그 자금으로 더 큰 사업을 일으켜 크게 성공한 경우이다. 어떤 경우는 시장가로 도저히 판단할 수 없는 높은 가치로 기업 가치가 평가되었음에도 불구하고, 유명한 투자자들이 높은 가격을 주고서라도 낮은 지분이라도 확보하기 위해 서로 경쟁하는 상황이 생기기도 한다. 물론 그 반대의 경우가 대부분이긴 하다.

투자를 받거나 자본조달을 하기 위한 경우와 반대로 투자를 하려고 하는 경우에도 마찬가지로 가치평가가 필요하다. 이때는 사업분석과 미래 예측에 대한 판단요소가 더 많은 비중을 차지하기도 한다. 기업이 성장하는 가운데에 투자를 받는 것도 중요한 과정이지만, 많은 기업은 다른 기업에 대한 투자 또는 M&A를 통해 더 큰 기업으로 성장한다. 구글 같은 경우가 대표적인 기업 중의 하나다. 큰 기업은 큰 기업대로 작은 기업은 작은 기업대로 산업 경쟁 가운데 부족한 부분을 메우기 위한 방편으로 기업 내부에서 개발을 통한 사업 내재화를 하는 것보다, 외부에서 소싱해 자체 솔루션을 만드는 것이 더 효율적이라고 판단된다면 안 할 이유가 없다. 오히려 그러한 방식을 선호하는 기업들이 더 빠르게 시장에서 중요한 포지셔닝을 해 성공하는 경우도 쉽게 찾아볼 수 있다. 기업은 내부 역량을 키우기 위해 투자하는 것도 투자이며, 외부 자원에 투자해 규모를 확대하는 것도 투자다. 좋은 기업을 발굴해 투자하고 그것을 통해 투자에 대한 리스크도 줄일 수 있다면 그야말로 금상첨화라고 할 수 있겠다.

마지막으로 기업 자체에 대한 가치평가를 하는 경우도 많다. 그야말로 자신의 가치가 얼마나 되는지를 스스로 평가해 그 가치에 따라 향후 사업에 대한 전략도 세우고, 경영자에 대한 경영성과도 판단하고, 승계나 합병, 분리 등에 대한 다양한 기업 구조적 또는 재무적 의사결정을 할 수 있다. 사람도 그렇지만 기업도 마찬가지로, 때로는 자기자신에 대해 너무 후하게 평가하기도 하고 때로는 너무 박한 평가를 내리기도 한다. 치열한 산업구조와 변화 가운데에서 기업은 스스로에 대한 보다 면밀한 자기 가치평가를 통해 더 나은 의사결정과 판단을 할 수 있다.

나는 왜?
내가 왜?

'나는 왜?'와 '내가 왜?'의 두 가지 말은 비슷해 보이지만 생각의 방식이나 행위에 따른 결론으로 볼 때 180도 다른 결과를 나타낸다.

창업가의 출발은 '왜(Why)?'라는 질문으로부터 시작된다. 나는 왜 사업을 하는가? 나는 왜 이 아이템으로 세상에 가치를 전달할 수 있다고 생각했는가? 나는 왜 투자를 받아 성장하기로 결정했는가?와 같은 생각들이 꼬리를 물고 계속된다.

반면, '내가 왜?'는 '나는 왜?'에 비해 상당히 반대편에 있는 의미의 말이다. 예를 들어 투자자들이 투자를 하기 위해 회사를 방문해 IR을 듣고 난 후, 내가 왜 이 회사에 투자를 해야하지라는 첫 인상을 받게 된다면, 좀처럼 그 생각을 뒤집기는 쉽지 않다. 그 이전에 어떤 제품이나 서비스를 잠재 고객들에게 소개했을 때, 내가 왜 이런 제품이나 서비스에 돈을 지불해야 하지라는 의문을 기업가가 풀어주지 못한다면, 그것을 가지고 시장에 성공적으로 진입해 회사를 성장시키기는 어렵다.

특히, 조직이나 관계의 유지에 있어서 상대편이 '내가 왜?'라는 생각하고 행동하기 시작한다면 심각하게 상황을 점검하고 벗어나려는 고민과 노력이 필요하다. 예를 들어, 회사가 방향을 잃고 조직원 간의 소통이 제대로 이루어지지 않아 문제가 서서히 시작되어 있는 회사들의 특징을 보면, 회사의 복도나 계단에 작은 휴지가 떨어져 있음에도 불구하고 모두가 '내가 왜?'라는 생각으로 그 작은 휴지를 줍지 않는다. 사업계획이 현실과 동떨어져 있어서 현실성이 없더라도 입을 꾹 다물고 발언하지 않는다. 회사에 관심을 가지고 발주를 하려고 하거나 투자를 하려고 하는 정보에 대해서도 회사에 공유하지 않고 오히려 해야 하는 일이 늘어날까 봐 모른 척한다. 기업 대표는 뒷목을 잡을 일이지만 이런 일들은 많은 회사와 여러 조직에서 자주 발생한다.

기업가와 투자자의 관계는 연애와 결혼으로 자주 비유된다. 연인은 아니지만, 상대방이 더 잘될 수 있도록 돕고 노력함으로써 서로 더 나은 방향으로 나아가려고 하는 것이다. 그런데 한쪽에서 '내가 왜 그렇게까지 해야 하지? 내가 왜 이렇게 모든 걸 다 공개애야 하지? 내가 왜 그것까지 포기하면서 이 길을 계속 가야 하지?' 하고 의문을 가지고 의심하기 시작한다면 멀지 않아 서로의 신뢰가 망가지고 예상치 못한 어려운 길로 접어들기 십상이다.

투자자는 기업가에게 있어서 멘토이자 보호자이자 가족이 될 수 있지만, 돈만 바라는 장사꾼이자 모든 것을 빼앗아가는 강도로 생각될 수 있다. 기업가는 허황된 꿈만 늘어놓는 어린아이이자 애초부터 뭔가를 이루어낼 능력이 없는 무능력자이자, 아무것도 내놓지 않고 자기가 모든 것을 다 가지겠다고 욕심내는 고집쟁이일 수도 있다. 그만큼 서로를 바라보는 생각과 신뢰가 중요하다는 의미다. 깊은 신뢰의 형성은 원래 가지고 있던 것보다 더 큰 것을 이루어낼 수도 있지만, 그렇지 못할 경우 모든 것을 망가트릴 수도 있다.

　연인이나 부부가 그렇듯이, 기업가와 투자자도 서로를 드러내고 다양한 대회를 하면서 신뢰를 유지하는 것이 중요하다. 기업가는 약속했던 실적이 금방 성사되지 않았다고 해서 숨기거나 움츠러들 이유도 없고, 생각보다 더 큰 성장을 빠르게 이루어냈다고 자만하거나 거만해질 필요도 없다. 기업가와 투자자는 문제를 해결하며 나아간다는 기업가정신을 기반으로 서로 만나서 노력하고 있는 사람들이기 때문에, 일반 관계와는 다르다. 높고 먼 길을 오래 함께, 동행해야 하는 동반자의 관계다. '내가 왜?'보다는 어떻게 상대에게 더 나은 가치를 줄 수 있을까를 고민하는 것이 서로에게 높은 가치가 된다.

연쇄 창업가

사업체를 여러 개 가지고 있거나, 회사를 망하고 설립하기를 반복하는 사람을 연쇄 창업가라고 하지는 않는다. 연쇄 창업가는 여러 번에 걸쳐 창업을 성공적으로 진행한 사람을 의미한다. 일반적으로 한 번의 창업이 아닌 여러 개의 회사를 설립하거나, 기존의 기업을 성공적으로 운영하고 나서 또 다른 사업을 시작하는 사람들을 말한다. 이들은 경험을 바탕으로 새로운 사업 아이디어를 실현하고, 다양한 산업 분야에서 활동할 수 있는 능력을 갖춘 사람들로 평가받는다.

대표적인 예가 테슬라와 스페이스X의 창립자인 일론 머스크나, 페이팔과 팔란티어의 피터 틸 같은 사람들이다. 이들은 여러 회사를 창업하고 경영해 성공적으로 엑시트하고, 또 다시 각기 다른 산업에서 혁신을 일으키는 것을 지속한다. 사업 아이디어 발굴, 리스크 관리, 자금조달 등의 면에서 뛰어난 역량을 보여주며, 기존의 경험을 바탕으로 빠르게 새로운 기회를 찾아내는 능력을 가지고 있다.

연쇄 창업가와 기업 가치 사이에는 중요한 관계가 있다. 연쇄 창업가는 여러 회사를 창업하고 운영하면서 각각의 기업에 대해 어떻게 가치를 높이고, 그 과정을 속에서 경험과 자본의 활동을 어떻게 성장시키는지 잘 알고 있다. 이 과정에서 창업가가 만들어내는 기업 가치와 그 가치가 창업가에게 미치는 영향은 상호작용하며 발전하게 되는 것이다.

연쇄창업가는 반복적으로 새로운 사업을 시작하고, 이전의 경험을 활용해 빠르게 성장할 수 있는 능력을 지닌 사람들이다. 특히, 함께 성장해 온 투자자나 파트너 또는 고객들과 좋은 관계를 유지하며 네트워크를 잘 활용하고, 혁신적인 아이디어에 자금조달이나 마케팅 능력과 자원을 최대한 활용해 주위에 영향을 미치며 성장한다.

무엇보다 크게 작은 실수나 실패를 경험으로 삼아 리스크를 관리하는 능력이 탁월하다. 그들은 뛰어나지만 뛰어나지 않은 사람들에 비해 자신들의 사업에 끊임없는 리스크가 다가올 것을 더욱 잘 알고 있고, 이를 해결해 나가는 더 큰 능력을 가지고 있다.

창업 초기부터 어떤 가치를 세상에 제공할지에 대한 아이디어로 비즈니스를 만들어가는 것과 함께, 기업 내에 어떤 가치를 높여감으로써 스스로 성장하고 외부 투자자들이나 파트너 또는 고객들로부터 신뢰를 쌓아갈지를 끊임없이 고민하고 실천해나가는 것이 연쇄 창업가들의 특징이다. 그들은 그들의 비전의 달성하기 위해 혁신적 아이디어, 성공적인 경영, 브랜드 가치 등이 중요한 가치 요소인 것을 잘 알고 있고 그것들을 끊임없이 찾아다닌다.

레드오션 속에서도 니치마켓을 찾아내고 세상에 없던 것을 만들어 사람들의 눈앞에 가져다 놓는다. 그것들은 때로는 우주산업이나 생명공학처럼 거창하기도 하지만 때로는 우리 삶 가운데 항상 있었지만, 일반인들이 미처 생각해 내지 못했던 것을 쉽게 성공적인 비즈니스로 만들어내기도 한다.

기업의 가치에 대한 여러 정의와 설명이 있지만, 실제로 가치란 무엇인지 정확히 한마디로 요약하기는 어렵다. 사람들의 생각마다, 시대마다 공간마다 그 의미와 평가는 모두 다르다. 그럼에도 불구하고 기업가들은 기업의 가치를 잘 만들어가야 하는 역할과 책임을 지고 있다. 그것은 함께 하고 있는 기업의 조직원들을 위해서도 그렇지만, 특히 외부로부터 좋은 평가를 받고 다음 단계로 나아가고자 할 때는 더욱 그렇다.

M&A와 IPO

M&A(Mergers and Acquisitions, 인수합병)와 상장(IPO, Listing)은 가장 대표적인 엑시트 방식이며, 기업이 성장하고 발전하는 중요한 전략적 선택지이지만, 목표, 과정, 결과에서 뚜렷한 차이를 가지고 있다.

M&A는 두 개 이상의 기업이 하나로 합쳐지거나, 한 기업이 다른 기업의 경영권을 획득하는 거래를 의미한다. 이는 기업의 성장, 사업 확장, 시너지 창출, 경쟁력 강화 등 다양한 목적을 위해 이루어지게 된다. 기존의 독립적인 기업들이 법적으로 또는 실질적으로 하나의 경제 주체가 되는 것이 주된 방식인데, 피인수 기업의 경영권이 인수 기업으로 넘어가거나, 합병 후 새로운 지배구조가 형성된다.

비상장 기업 간의 M&A는 공개적인 절차를 거치지 않고 비공개로 대개 진행되며, 합병, 주식 인수, 자산 양수도 등 다양한 방식으로 이루어지게 된다. 이러한 M&A는 새로운 시장 진출, 사업 영역 확대, 기술 확보 등을 통해 빠르게 성장하는 것을 목표로 하는 경우가 많으며, 중복되는 기능 통합, 비용 절감, 새로운 제품/서비스 개발 등을 통해 기업 가치를 높이거나, 시장 점유율 확대, 경쟁 우위 확보 등을 통해 경쟁력을 강화하려는 목적으로 이루어진다. 이때 비핵심 사업 매각, 부실 자산 정리 등을 통해 구조조정을 통한 기업 구조를 효율화가 이루어지면, 투자자 입장에서는 투자자가 보유 지분을 매각해 투자금을 회수할 수 있게 된다.

상장(IPO, Initial Public Offering)은 비상장 기업이 자사의 주식을 일반 대중에게 공개적으로 판매해 증권 시장에 등록하는 것을 의미한다. 이를 통해 기업은 외부로부터 대규모 자금을 조달하고, 기업 인지도를 높이며, 주주 기반을 확대할 수 있게 된다. 상장의 특징은 기업의 소유권 일부를 주식 공개를 통해 외부 투자자들과 공유하는 것이다. 발행된 신주를 판매해 운영 자금, 투자금 등을 확보할 수 있게 된다. 하지만 상장을 위해서는 까다로운 심사 기준을 충족하고 복잡한 법적 절차를 거쳐야 하고, 상장 후에는 재무 정보 공개, 공시 의무 등 높은 투명성이 요구되며, 주식 시장 상황이나 기업 실적 등에 따라 주가가 요동칠 수도 있다.

그러한 상황들을 극복할 수 있다면, 대규모 자금을 확보해 사업 확장, 연구개발 등에 투자할 수 있는 자금이 조달되고, 상장을 통해 기업 이미지를 제고하고 대외 신뢰도를 높일 수 있게 된다. 무엇보다 공개 시장에서 기업 가치를 평가받고, 유동성을 확보해 주주 가치를 높이고, 상장된 자사의 주식을 활용해 다른 기업을 인수합병하는 등의 다양한 경영활동의 기회가 생기게 된다.

구분	M&A(인수합병)	IPO(상장)
주체	기업 간의 거래 (매수 기업 vs. 매도 기업)	기업과 일반 투자자 간의 거래
목표	성장, 시너지, 경쟁력 강화, 구조조정, 투자 회수 등	자금조달, 인지도 향상, 주주 기반 확대, 가치 증대 등
소유권 변화	피인수 기업의 경영권 및 소유권 변동 발생	기존 주주의 소유 지분 희석 및 외부 주주 등장
자금조달	주로 매수 기업의 자금으로 이루어짐.	신주 발행을 통해 외부로부터 자금조달
절차	상대적으로 비공개적이고 유연한 절차 가능	엄격하고 복잡한 법적 절차 요구됨.
투명성 요구	상대적으로 낮은 편	상장 후 높은 수준의 투명성 요구됨.
시장 노출	거래 당사자 간의 합의에 따라 결정	주식 시장에 공개되어 주가 변동에 노출됨.
주요 이해관계자	거래 기업의 경영진, 주주, 채권자 등	기존 주주, 신규 투자자, 증권 시장, 규제 기관 등

 # 어떻게 원하는 것을 얻는가?

　기업이 원하는 것을 얻는 과정은 개인의 목표 달성 방식과 유사하지만, 조직적인 규모와 더 복잡한 이해관계자 네트워크를 고려해야 한다. 기업이 원하는 것은 다양할 수 있지만, 일반적으로 수익 증대, 시장 점유율 확대, 브랜드 가치 향상, 우수 인재 확보, 지속 가능한 성장 등이 포함된다. 이러한 목표를 달성하기 위해 기업은 다음과 같은 전략과 실행 단계를 거치게 된다.

1. 명확한 목표 설정 및 비전 제시

① 구체적인 목표 정의 : 기업은 단기적, 중장기적으로 달성하고자 하는 구체적인 목표를 설정한다. 이는 재무적 목표(매출액, 순이익, ROE 등)뿐만 아니라 비재무적 목표(시장 점유율, 고객 만족도, 브랜드 인지도 등)를 포함한다.

② 명확한 비전 제시 : 기업의 장기적인 방향성과 추구하는 가치를 명확히 제시해 조직 구성원의 동기 부여 및 공동의 목표 의식을 함양한다.

③ 핵심 가치 공유 : 기업의 운영 및 의사결정의 기준이 되는 핵심 가

치를 설정하고 공유해 일관성을 유지한다.

2. 전략 수립

① 시장 분석 : 경쟁 환경, 고객 니즈 변화, 산업 트렌드, 거시 경제 환경 등을 철저히 분석해 기회와 위협 요인을 파악한다.

② SWOT 분석 : 기업 내부의 강점(Strengths)과 약점(Weaknesses), 외부 환경의 기회(Opportunities)와 위협(Threats)을 분석해 전략 수립의 기초를 마련한다.

③ 차별화된 가치 제안(Value Proposition) : 경쟁사와 구별되는 독점적인 가치를 고객에게 제공하는 전략을 수립한다. 이는 제품, 서비스, 가격, 유통, 고객 경험 등 다양한 측면에서 이루어질 수 있다.

④ 경쟁 우위 확보 : 핵심역량 강화, 혁신 추구, 효율적인 운영 등을 통해 지속 가능한 경쟁 우위를 확보하는 전략을 모색한다.

⑤ 성장 전략 : 시장 확대, 신제품 개발, 사업 다각화, 인수합병(M&A) 등 다양한 성장 전략을 수립한다.

3. 조직 구축 및 역량 강화

① 유능한 인재 확보 및 육성 : 목표 달성에 필요한 지식, 기술, 경험을 갖춘 인재를 채용하고, 지속적인 교육 및 훈련을 통해 역량을 강화한다.

② 효율적인 조직 구조 설계 : 목표 달성을 지원하고 협업을 촉진하는 최적의 조직 구조를 설계한다.

③ 성과 관리 시스템 구축 : 목표 달성 여부를 측정하고 평가하며, 성과에 따른 보상 및 피드백 시스템을 구축해 동기 부여를 강화한다.

④ 협력적인 기업 문화 조성 : 개방적인 소통, 팀워크, 혁신적인 사고를 장려하는 기업 문화를 조성한다.

4. 실행 및 운영

① 구체적인 실행 계획 수립 : 전략을 구체적인 액션 아이템, 책임자, 일정 등으로 세분화한 실행 계획을 수립한다.
② 자원 배분 : 목표 달성에 필요한 인력, 예산, 기술 등 자원을 효율적으로 배분한다.
③ 프로젝트 관리 : 주요 전략적 이니셔티브를 체계적으로 관리하고 진행 상황을 점검합한다.
④ 운영 효율성 극대화 : 생산, 마케팅, 판매, 고객 서비스 등 모든 운영 프로세스를 효율적으로 관리해 비용을 절감하고 생산성을 향상시킨다.
⑤ 품질 관리 : 제품 및 서비스의 품질을 지속적으로 관리하고 개선해 고객 만족도를 높인다.

5. 관계 구축 및 관리

① 고객 관계 관리(CRM) : 고객의 니즈를 파악하고 맞춤형 가치를 제공하며, 장기적인 관계를 구축하고 유지한다.
② 협력사와의 파트너십 구축 : 상호 이익을 바탕으로 핵심 역량을 보완하고 시너지를 창출할 수 있는 협력사와 전략적 파트너십을 구축한다.
③ 투자자와의 신뢰 구축 : 투명한 정보 공개와 꾸준한 성과 창출을 통해 투자자와의 신뢰를 구축하고 유지한다.

④ 정부 및 규제 기관과의 관계 : 관련 법규를 준수하고 건설적인 대화 채널을 유지한다.
⑤ 지역 사회와의 공생 : 사회적 책임을 다하고 지역 사회 발전에 기여되며 긍정적인 이미지를 구축한다.

6. 성과 측정 및 평가 개선

① 핵심 성과 지표(KPI) 설정 : 목표 달성 여부를 측정할 수 있는 핵심 성과 지표를 설정하고 주기적으로 측정한다.
② 성과 분석 및 평가 : 측정된 데이터를 분석해 전략 실행 결과를 평가하고, 목표 달성 정도를 파악한다.
③ 피드백 및 학습 : 성과 평가 결과를 바탕으로 성공 요인과 실패 요인을 분석하고, 교훈을 얻어 향후 전략 및 실행 방안을 개선한다.
④ 지속적인 혁신 : 변화하는 시장 환경에 맞춰 끊임없이 새로운 아이디어를 탐색하고 실험하며 혁신을 추구한다.

# 준비된 자

연을 날리고 싶은 아이들은 연을 준비하고 있다가 바람이 불면 이때다 싶어 연을 날린다. 고추를 말리고 싶은 할머니들은 햇볕이 비추면 마당에 자리를 깔고 고추를 말린다. 가만히 있으면 바람이 불면 바람이 부는구나, 햇볕이 비추면 햇볕이 비추는구나 하고 만다.

가치평가를 받고 다음 단계로 넘어가고 싶은 사람 중 많은 사람이 창업단계에서부터 가치평가를 받을 수 있을 만한 제대로 된 준비를 잘 하지 않는다. 물론 가치평가를 잘 받으려고 창업을 하는 사람은 없다. 하지만 그런 준비를 마음에 염두하고 모든 일과 절차를 진행해 나가는 사람과 그렇지 않은 사람에게는 차이가 날 수밖에 없다.

발로 공을 차서 멀리 보내려고 하거나, 배트로 날아오는 공을 받아칠 때, 발을 뒤로 빼거나 앞으로 내밀거나 배트를 등 뒤로 보냈다가 앞으로 휘두른다. 그것이 준비이고 더 잘하려는 모습이다. 가만히 안정적으로 서 있기만 하다가는 공을 멀리 차기도 날아오는 공을 받아치기도 어렵다. 몸이 스스로 반응하기 위해서는 그에 따른 준비와 훈련이 필요하다.

준비된 경영은 기업이나 조직이 경영을 잘 준비하고 계획적으로 이끌어가는 방식을 의미한다. 이는 전략적 사고, 리더십, 자원 관리, 리스크 분석 등 다양한 요소를 포함할 수 있다. 준비된 경영은 변화하는 시장 환경에서 기업이 효과적으로 대응하고, 지속 가능한 성장을 이끌 수 있도록 돕는 중요한 요소다. 이에 대해 얼마나 잘 준비되어 있는가 또는 얼마나 잘 그러한 위기를 극복해나갈 수 있는지 기업 가치평가의 여러 요소에 녹아 있다.

위기관리는 예상치 못한 위기 상황에 대비한 전략을 마련하는 것이고, 자원 배분은 인력, 자금, 기술 등 자원을 효율적으로 분배해 최적의 성과를 낼 수 있도록 하는 것이다. 또한, 장기적인 비전 수립은 기업의 목표를 명확히 하고, 이를 이루기 위한 중장기 계획을 세우는 것이며, 시장 분석은 변화하는 시장 환경을 지속적으로 분석하고, 그에 맞는 전략을 수립하는 것이다.

에필로그

당신의 비즈니스는 얼마입니까?

"누군가에게 우연한 일이 생기는 것을 본 적이 있는가?
기회는 준비된 자에게만 오는 법이다."

_루이 파스퇴르(Louis Pasteur)

사람들이 사업을 하는 이유는 다양하다. 돈을 벌고 싶거나 사업이 멋있어 보여서 도전을 하는 경우도 있고, 삶의 목표를 이루거나 내가 가진 가치를 세상에 좀 더 가치 있게 세상에 전달하기 위해 사업에 뛰어드는 경우도 있다.

개인은 오늘 당장 얼마를 버는가보다 나의 가치를 얼마나 높일 수 있는가가 장기적으로 볼 때 좀 더 중요하다. 단기적인 눈앞의 이익에 빠져서, 인생에 있어서 하지 말아야 할 큰 실수를 하는 때도 있고, 차근차근 본연의 가치를 상승시켜 결국 큰 인생의 보상을 받는 경우도 있다.

투자자가 투자를 하는 것은 부모가 자식에서 돈을 주는 것과는 다르다. 부모는 자식이 잘되었으면 하는 바람이나, 자식이 좀 더 잘 멋있게 살았으면 하는 기대로 자식을 양육한다. 하지만 투자자들의 그것은 엑시트라는 목적이 있다. 그 엑시트의 주된 방식은 상장이나 M&A이며, 그렇지 못하면 회수 또는 청산의 단계로 간다. 투자를 받은 기업의 책임은 매출을 일으켜 직원과 직원들의 가족이 잘살 수 있도록 해주는 것과 동시에, 성장을 하고 엑시트를 해야 하는 책임을 함께 지게 된다.

가치는 기업과 시장 경제뿐만 아니라 개인의 삶에서도 가장 핵심적인 척도 중의 하나다. 사람은 개인의 이상과 신념 그리고 목표에 대해 중요하게 생각한다. 이는 개인의 행동과 선택의 기준이 되며 삶의 만족도와 행복에 큰 영향을 미친다.

기업도 개인과 마찬가지로 기업의 존재 이유와 가치 창출을 위한 목적을 가지고 탄생했다. 단순히 이윤을 추구하는 조직을 넘어 사회와 시장에 어떤 가치를 제공하는가에 대해 항상 질문하고 답해야 한다. 기업이 제공하는 서비스나 솔루션은 고객과 시장의 문제를 해결하거나 필요를 충족시키거나 더 나아가 삶과 세상의 질을 향상시키는 가치를 지녀야 한다.

기업이 새로운 기술과 제품을 개발해 효율적인 경영활동을 하고 이를 통해 수익을 창출하며 성장을 할 때 새로운 가치가 생기고, 다시 이는 투자와 고용과 혁신으로 이어져 이전에 없던 새로운 가치를 세상에 전달할 수 있게 된다. 이러한 작용들이 긍정적인 영향을 미치면 그것이 새로운 사회적 가치 창출로 이어지게 되는 것이다.

가치는 가능성이며 변화이며 성장이다. 가능성은 미래에 대한 잠재력이다. 가능성은 아직 현실화되지 않았지만, 미래에 실현될 수 있는 잠재적인 상태나 힘을 의미한다. 이는 긍정적인 기회일 수 있으며, 아직 발견되지 않은 영역일 수도 있다. 가능성은 변화를 일으키는 출발점이 된다. 새로운 아이디어, 기술, 환경의 변화 등은 새로운 가능성을 열어주고, 이는 곧 변화의 동력이 된다.

변화는 고정된 상태에서 벗어나 다른 상태로 이동하거나 새로운 형태를 띠는 과정을 의미한다. 안전지대를 벗어날 때 더 넓은 안전지대를 확보할 수 있다. 성장은 대부분 변화를 동반한다. 개인의 성장, 기업의 성장, 사회의 발전 모두 기존의 틀을 깨고 새로운 방식으로 나아가는 변화를 요구한다. 변화는 잠재적인 가능성을 현실로 만들어내는 과정이며, 기존의 가치를 재정의하거나 새로운 가치를 창출하는 계기가 된다.

성장은 단순히 크기가 커지는 양적인 변화뿐만 아니라, 능력, 효율성 등이 향상되는 질적인 발전을 포함한다. 성장은 탐색된 가능성이 변화를 통해 현실화한 결과다. 개인은 학습과 실천을 통해 성장하고, 기업은 투자와 혁신을 통해 성장할 수 있다. 성장은 다시 새로운 가능성을 열어주고, 더 큰 변화를 추구하는 동력이 된다. 성공적인 성장은 자신감과 경험을 제공해 더 높은 목표에 도전해 비전에 도달할 수 있도록 만들어 준다. 새로운 가치의 제공과 변화를 통한 다음 단계로의 무빙, 이것이 성장을 꿈꾸는 많은 개인과 기업의 과제다.

구정웅

부록

주요 벤처 투자 관련 기관 및 업체

벤처투자종합포털	www.vcs.go.kr
벤처캐피탈협회	www.kvca.or.kr
엔젤투자협회	home.kban.or.kr
한국기업기술가치평가협회	www.valuation.or.kr
한국창업벤처투자협회	www.ksave.or.kr
혁신의숲	www.innoforest.co.kr
한국사회적기업진흥원	www.socialenterprise.or.kr
비즈인포	www.bizinfo.go.kr
비즈탑	www.biztop.co.kr
팁스	www.jointips.or.kr
파운더스 블로그	founders.company
쿼타랩	www.quotalab.com
비즈그라운드	www.bizground.co.kr
비즈에쿼티	www.bizequity.com
모멘스	www.momensam.kr
벤처스퀘어	www.venturesquare.net
더브이씨	thevc.kr
로켓펀치	www.rocketpunch.com
넥스트유니콘	www.nextunicorn.kr
데모데이	main.demoday.co.kr
한국청년기업가정신재단	www.koef.or.kr
한국M&A거래소	kmx.kr
엔젤리스트	www.angelist.com
크런치베이스	www.crunchbase.com
포켓컴퍼니	포켓컴퍼니.com
비석세스	www.besuccess.com
브릿지코드	mna.bridgecode.com
리스팅	www.listing.co
주주	www.zuzu.network
셀러브릿지	www.seller-bridge.com
쿠벤처	www.kooventure.com

주요 벤처 투자 회사 목록

㈜경남벤처투자	www.knvi.co.kr
나우아이비캐피탈 주식회사	www.nauib.com
나이스투자파트너스 주식회사	www.nicefni.co.kr
대성창업투자(주)	www.daesungpe.com
더웰스인베스트먼트(주)	www.investwells.com
디쓰리쥬빌리파트너스	www.d3jubilee.com
디에스씨인베스트먼트(주)	www.dscinvestment.com
마그나인베스트먼트(주)	www.mgni.co.kr
미래에셋벤처투자(주)	venture.miraeasset.co.kr
미시간벤처캐피탈(주)	www.michiganvc.net
비엔에이치인베스트먼트(유)	www.bnhinv.com
비엔케이벤처투자	www.uqip.co.kr
빅뱅벤처스 주식회사	www.bigbangventures.vc
삼성벤처투자(주)	www.samsungventure.co.kr
삼호그린인베스트먼트(주)	www.sgivc.com
서울투자파트너스(주)	www.seoulip.com
세마인베스트먼트 주식회사	www.semainv.com
㈜세아기술투자	seahcapital.co.kr
㈜센트럴투자파트너스	www.cipartners.co.kr
㈜솔리더스인베스트먼트	www.solidusvc.com
㈜송현인베스트먼트	www.songhyuninvest.com
스마일게이트인베스트먼트(주)	www.mvpc.co.kr
스톤브릿지벤처스(주)	www.stonebridge.co.kr
스틱벤처스(주)	www.sticventures.co.kr
신한벤처투자	www.neoplux.com
씨제이인베스트먼트	www.cjvc.com
씨케이디창업투자(주)	www.ckdvc.co.kr
아이디벤처스(주)	www.id-vc.com
㈜아이비케이캐피탈	www.ibkcapital.co.kr
아이엠엠인베스트먼트(주)	www.imm.co.kr
아이엠투자파트너스	www.im-investment.com

아주아이비투자(주)	www.ajuib.co.kr
에스브이인베스트먼트(주)	www.svinvestment.co.kr
에스비아이인베스트먼트(주)	www.sbik.co.kr
㈜에스엘인베스트먼트	www.slinvestment.com
엔에이치벤처투자 주식회사	www.nhvic.com
엔에이치투자증권(주)	www.nhqv.com
엘비인베스트먼트(주)	www.lbinvestment.com
엘앤에스벤처캐피탈	www.lnsvc.co.kr
엠벤처투자(주)	www.m-vc.co.kr
우리벤처파트너스	www.daolinvestment.com
원익투자파트너스(주)	www.wiipco.com
유니온투자파트너스(주)	www.unionip.net
유안타인베스트먼트(주)	www.yuantainvest.com
이노폴리스파트너스(유)	www.innollc.com
이수창업투자(주)	www.isuvc.com
일신창업투자(주)	www.iic.co.kr
제이비인베스트먼트(주)	www.jbinvest.co.kr
제이엑스파트너스 주식회사	www.jxpartners.co.kr
㈜본엔젤스벤처파트너스	www.bonangels.net
㈜제이와이피파트너스	www.jyppartners.com
㈜지앤피인베스트먼트	www.npxcap.com
㈜퓨처플레이	www.futureplay.co
지앤텍벤처투자(주)	www.gntechvc.co.kr
㈜카카오벤처	www.kakao.vc
캡스톤파트너스(주)	www.cspartners.co.kr
컴퍼니케이파트너스(주)	www.kpartners.co.kr
케이런벤처스유한회사	www.krunventures.com
케이비인베스트먼트(주)	www.kbic.co.kr
케이비증권(주)	www.kbsec.com
㈜케이알벤처스	www.krvinv.com
㈜케이앤투자파트너스	www.kninvest.co.kr
케이투인베스트먼트파트너스(유)	www.k2investment.co.kr
㈜케이티인베스트먼트	www.ktinvestment.co.kr
㈜코오롱인베스트먼트	www.koloninvest.com

키움인베스트먼트(주)	www.kiwoominvest.com
키움증권 주식회사	www.kiwoom.com
㈜티에스인베스트먼트	www.tsinvestment.co.kr
㈜파트너스인베스트먼트	www.partnersventure.com
포스코기술투자(주)	www.posventure.co.kr
한국벤처투자(주)	www.k-vic.co.kr
한국투자파트너스(주)	partners.koreainvestment.com
한화투자증권	www.hanwhawm.com
현대기술투자(주)	www.hvic.co.kr
현대투자파트너스(주)	new.hyundai-invest.com
효성벤처스주식회사	www.hyosungventures.net/kr

주요 가치평가 용어

- DCF(Discounted Cash Flow/ 현금흐름할인법) : 기업의 미래 현금흐름을 현재 가치로 환산해 기업 가치를 평가하는 방법
- EBITDA(Earnings Before Interest, Taxes, Depreciation and Amortization) : 기업이 영업활동을 통해 벌어들인 현금창출 능력을 나타내는 수익성 지표로서 '법인세·이자·감가상각비 차감 전 영업이익'. 즉, 이자 비용, 세금, 감가상각비용 등을 빼기 전 순이익. 기업의 실제 가치를 평가하고 각 기업의 수익창출 능력을 비교하는 데 활용
- FCF(잉여현금흐름) : 자본 투자를 제외하고 남은 기업의 핵심사업에서 창출된 현금흐름
- RR(내부수익률) : 사업 기간 현금수익 흐름을 현재 가치로 환산해 합한 값
- NOPLAT(세후순영업이익) : 기업의 핵심사업으로부터 창출된 이익에서 소득세를 제외한 부분
- PER : 가치/세후순영업이익=(1-(성장률/투하자본수익률))/(가중평균자본비용-성장률)
- ROIC(투하자본수익률) : 기업에 투자된 자본당 벌어들이는 수익
- WACC(가중평균자본비용) : 투자자들이 기업에 투자해 얻을 것으로 기대하는 수익률을 뜻하며, 잉여현금흐름(FCF)의 적절한 할인율

- 가격 : 특정 상황에서 특정 구매자나 판매자가 재화와 서비스에 대해 실제로 거래하거나 거래할 의사가 있는 금액
- 가중평균자본비용(Weighted Average Cost of Capital) : 자본의 각 구성요소(예 : 부채, 자본)의 예상 수익률(또는 조달비용)에 각 구성요소의 시장 가치 비율을 가중치로 사용해 측정하는 기업의 전체 자본비용 측정치
- 가치평가-가치전제, 가치기준 및 하나 이상의 가치평가 접근법을 사용해 평가일에 가치에 대한 의견이나 결론을 도출하는 행위 또는 절차
- 경영권 프리미엄 : 기업의 지배지분의 가치가 비지배 지분(소수지분/소액지분)의 가치를 초과하는 금액 또는 백분율로, 이러한 경우는 통제(권) 또는 지배(권) 프리미엄이라 부르기도 한다. 지배권에는 경영권을 포함한 여러 형태가 있으므로 경영권보다는 포괄적인 개념
- 기여자산 : 가치 형성에 기여하는 여러 자산이라는 의미이나, 무형자산의 가치측정에 있어서는 해당 무형자산을 제외한 식별가능하고 분리가능한 다른 자산
- 리스크 프리미엄 : 여러 위험을 반영하기 위해 무위험 수익률에 더해진 수익률이다.
- 무형자산(Intangible Asset) : 물리적 실체가 없으나 경제적 가치를 갖는 자산. 무형자산은 마케팅 관련, 고객 관련, 계약 관련, 예술 관련, 기술 관련 무형자산으로 구분
- 소득접근법(Income Based Approach) : 예상되는 경제적 이익을, 하나 이상의 방법을 사용해, 현재의 단일 금액으로 전환해, 사업/지분/주식 또는 무형자산의 가치를 결정하는 방법
- 순현재 가치(Net Present Value) : 특정일 기준, 미래 현금 유입에서 현금 유출(초기 투자 비용 포함)을 뺀 금액을, 할인율을 사용해 도출한 가치
- 시가총액(Market Cap) : 기업의 총주식의 가치, 주가×주식수
- 시장 가치: 적절한 마케팅이 이루어진, 한 재화에 대한 가치평가일 현재의, 개인적인 이해관계가 없는 판매자와 구매자 간의 추정 교환가격을 의미
- 요구수익률(Required Rate of Return) : 위험 수준을 고려해 투자하기 전에 투자자에게 허용되는 최소 수익률
- 유동성(Liquidity) : 어떠한 자산의 현금 환원력 또는 부채상환 능력
- 잉여현금흐름(Free Cash Flow) : 기업이 실제로 창출한 영업활동으로부터의 현금흐름
- 자기자본 시가총액(Market Capitalization) : 상장주식의 주가와 발행 주식 수를 곱한 시가총액

- 자기자본 이익률(Return on Equity) : 순이익을 자기자본으로 나눈 비율
- 자산접근법(Asset-based Approach) : 부채를 제외한 자산의 가치를 합산하는 데, 하나 이상의 방법을 사용해 기업 가치를 추정하는 방식으로, 각각의 가치는 시장, 소득 또는 비용접근법을 사용해 평가하는 방식
- 잔존 가치(Residual Value) : 예측 기간 이후 기업의 경제적 소득에 대한 가치
- 청산 가치(Liquidation Value) : 사업이 종료되고 자산이 매각될 경우, 필요한 비용을 제외한 가치
- 투자 수익률(Return on Investmen, ROI) : 투자 자체의 수익률을 보기 위한 지표로, 투자 대비 순이익의 크기
- 투자 자본이익률(Return on Invested Capital, ROIC): 어떠한 사업을 위해 투자된 총액의 수익률을 보기 위한 지표다. 즉 자기자본과 부채의 합계인 투하 자금/투자 자금으로 순이익을 나눈 비율
- 할인율(Discount Rate) : 미래의 금전적 흐름을 현재 가치로 변환하는 데 사용되는 수익률. 자본화율과 비슷한 개념이나 자본화율에 미래의 성장률을 포함한다.
- 현금흐름(Cash Flow) : 현금이 들어오고 나가는 흐름을 말하나, 보통은 특정 기간에 누적된 현금
- 현재 가치(Present Value) : 할인율을 사용해 계산한 예상 경제 소득의 특정 날짜 현재의 가치

VC 마스터가 알려주는
밸류에이션과 프라이싱 전략

제1판 1쇄 2025년 7월 1일

지은이　구정웅
펴낸이　한성주
펴낸곳　㈜두드림미디어
책임편집　이향선
디자인　얼앤똘비악(earl_tolbiac@naver.com)

㈜두드림미디어
등록　2015년 3월 25일(제2022-000009호)
주소　서울시 강서구 공항대로 219, 620호, 621호
전화　02)333-3577
팩스　02)6455-3477
이메일　dodreamedia@naver.com(원고 투고 및 출판 관련 문의)
카페　https://cafe.naver.com/dodreamedia

ISBN　979-11-94223-81-8 (03320)

책 내용에 관한 궁금증은 표지 앞날개에 있는 저자의 이메일이나
저자의 각종 SNS 연락처로 문의해주시길 바랍니다.

책값은 뒤표지에 있습니다.
파본은 구입하신 서점에서 교환해드립니다.